Arkturianisches Orakel
Der Tanz Des Chaos
Von Luan Ferr

Urheberrechte
Originaltitel: **Oráculo Arcturiano**
Copyright © 2021, veröffentlicht 2024 von Luiz Antonio dos Santos
Dieses Buch ist ein Werk, das Holismus und traditionelle Praktiken auf zeitgenössische Bedürfnisse anwendet. Es integriert physische, emotionale und spirituelle Dimensionen für Heilung und Selbsterkenntnis. Es ist zur Reflexion, zum Studium und zum persönlichen Wachstum gedacht und ersetzt keine professionelle medizinische oder psychologische Beratung.
Dies ist die zweite Ausgabe dieses Buches.
Produktions-Team der zweiten Ausgabe
Autor: **Luan Ferr**
Lektorat: **Virginia Moreira dos Santos**
Lektorat: **Arthur Mendes da Costa**
Grafikdesign und Layout: **Anderson Casagrande Neto**
Übersetzung: **August Müller**

Veröffentlichung und Identifikation
Arkturianisches Orakel / Von Helena Costa
Booklas, 2024
Kategorien: **Körper, Geist und Seele / Spiritualität**
DDC: 158.1 - CDU: 613.8

Urheberrechtshinweis
Alle Rechte vorbehalten bei:
Verlag **Booklas / Luiz Antonio dos Santos**
Dieses Buch darf ohne ausdrückliche Genehmigung des Rechteinhabers weder ganz noch teilweise in irgendeiner Form, elektronisch oder gedruckt, reproduziert, verbreitet oder übermittelt werden.
Straße José Delalíbera, 962
86.183-550 – Cambé – PR

Inhaut

Vorwort 5
Kapitel 1 Die Kunst Der Weissagung 7
Kapitel 2 Die Mysterien Von Raum Und Zeit 15
Kapitel 3 Universelle Energien 24
Kapitel 4 Divinatorische Werkzeuge 33
Kapitel 5 Kosmische Astrologie 44
Kapitel 6 Die Gabe Des Hellsehens 54
Kapitel 7 Prophetische Träume Entschlüsseln 64
Kapitel 8 Der Fluss Des Universums 71
Kapitel 9 Das Rätsel Des Schicksals 80
Kapitel 10 Prophezeiungen 89
Kapitel 11 Der Tanz Des Chaos 99
Kapitel 12 Zeitlinien 106
Kapitel 13 Fluss Der Zeit 114
Kapitel 14 Die Tiefe Der Unendlichkeit 121
Kapitel 15 Das Portal Zum Universellen Wissen 128
Kapitel 16 Enthüllungen Über Die Zukunft 135
Kapitel 17 Vorhersagen Für Die Menschheit 142
Kapitel 18 Liebe, Die Transformierende Kraft 149
Kapitel 19 Kosmisches Gleichgewicht 154
Kapitel 20 Das Schicksal Der Erde 159
Kapitel 21 Die Tiefe Der Gegenwart 164
Kapitel 22 Universelle Einheit 169
Kapitel 23 Der Tanz Der Veränderung 173

Kapitel 24 Die Reise Geht Weiter.. 178
Epilog Himmel Und Erde Vereinen.. 183

Vorwort

In den Schatten des riesigen Universums, wo die Sterne eine kosmische Choreographie tanzen und die Geheimnisse der Zeit vom intergalaktischen Wind geflüstert werden, offenbart sich ein transzendentaler Pfad, der als das arkturianische Orakel bekannt ist.

Dieses Buch ist ein Durchgang durch die Konstellationen und führt diejenigen, die mehr als die sichtbare Realität suchen, in die unbekannten Dimensionen und Geheimnisse, die in den Falten der Zeit warten.

Die Arkturianer (Wesen des Lichts und der kosmischen Weisheit) lüften den Schleier zwischen dem Greifbaren und dem Ungreifbaren und bieten Einblicke in die Zukunft und tiefe Visionen der Gegenwart. Dies ist nicht nur ein Buch, es ist ein Portal zum Verständnis der Strukturen des Universums und zur Deutung der Schicksalslinien.

Treten Sie ein mit einem offenen Geist und einem Herzen ohne Furcht, denn dieses Buch enthüllt eine Reise, die Raum und Zeit übersteigt, und webt eine Erzählung, in der sich Magie und Realität vermischen. Erforschen Sie die spirituellen Praktiken der

Arkturianer, stimmen Sie sich auf die kosmischen Energien ein und enthüllen Sie die Geheimnisse des Orakels, das die menschlichen Grenzen überschreitet.

Jedes Kapitel ist ein Tor zu einer neuen Dimension, ein Hörraum, in dem das Flüstern der Sterne zu inneren Resonanzen wird. Vom Erwachen des Bewusstseins bis zum Tanz der Sterne - dieses Buch ist eine Einladung zu einer Reise jenseits der Grenzen des Bekannten, wo das Mysterium der Wegweiser und die Intuition der Kompass ist.

Mach dich jetzt auf den Weg, unerschrockener Sucher, und erlaube dem arkturianischen Orakel, dich auf den Pfaden des Unbekannten zu führen. Denn auf den Seiten, die sich vor dir entfalten, erwartet dich Magie, und die Antworten tauchen wie Sternschnuppen in den Weiten des Universums auf.

Kapitel 1
Die Kunst Der Weissagung

In den Weiten des Kosmos, in der Umlaufbahn des strahlenden Sterns Arcturus, liegt der Heimatplanet der Arkturianer. Diese außerirdische Rasse, die mit außergewöhnlichen Fähigkeiten der Hellsichtigkeit und der Manipulation von Raum und Zeit ausgestattet ist, kann ihre Abstammung bis zu den Anfängen des Universums zurückverfolgen. Die Arkturianer, wie sie genannt werden, haben die konventionellen Grenzen des kosmischen Wissens überschritten und sind zu einem führenden Licht für diejenigen geworden, die die verschlungenen Pfade von Zeit und Existenz zu verstehen suchen.

Die Reise der Arkturianer beginnt damit, dass die obersten kosmischen Architekten die Quantensamen säen, die auf zahllosen Welten erblühen sollen. Unter diesen Urfunken wurden die Lieblingskinder von Arcturus und die großen Schicksale, die sie erwarteten, bereits erahnt. Der Planet Arcturus Prime, eine Wiege der Schönheit und des Überflusses, spiegelt die Harmonie und den Wohlstand wider, die von Generationen von Arkturianern kultiviert wurden, deren

Werte über die Grenzen des Intellekts hinausgehen und von intellektueller Disziplin in Verbindung mit intuitiver Weisheit geleitet werden.

Die Legende um die mystische Aura des arkturianischen Volkes geht auf unergründliche Zeitalter zurück, in denen die Verheißung von Naturwundern auf mehreren Welten erblühte. In dieser grandiosen Umgebung stechen die Arkturianer nicht nur durch ihre Technologie hervor, sondern auch durch die einzigartige Synthese zwischen ihren technologischen Errungenschaften und den edlen Prinzipien, die ihre Gesellschaft durchdringen. Auf Arcturus Prime verbindet sich kalkulierender Pragmatismus mit universeller Ethik und Mitgefühl und schafft ein Wertegeflecht, das über die Existenz selbst hinausgeht.

Generationen hingebungsvoller arkturianischer Gelehrter haben hochentwickelte Systeme perfektioniert, die über einfache kosmische Beobachtung hinausgehen und subtile Muster zwischen den Variablen, die das probabilistische Gefüge der Raumzeit beeinflussen, erfassen und miteinander in Beziehung setzen. Diese Analysen sind nicht nur entfernte Beobachtungen, sondern Fenster in die Zukunft und die Vergangenheit, die relevante Einblicke in wichtige Trends und Ereignisse mit einer Präzision liefern, die sich dem herkömmlichen Verständnis entzieht.

Das technische Genie der Arkturianer liegt nicht nur in der fortschrittlichen Ausrüstung, sondern auch in den außergewöhnlichen geistigen Fähigkeiten ihrer

Bewohner. Schon in jungen Jahren werden talentierte Personen ausgewählt, die ein intensives neuropsychisches Training absolvieren. Ziel dieser Reise ist es nicht nur, die Fähigkeiten des Hellsehens, der Präkognition, der Rückschau und der Astralprojektion zu verfeinern, sondern auch in eine übersinnliche Sphäre vorzudringen. Diese Personen, die als "Orakulisten" bekannt sind, werden zu Meistern der Kunst, ihre immaterielle Essenz von ihrer körperlichen Hülle zu trennen und ihr Bewusstsein an alle relevanten Zeiten und Orte zu projizieren, um zuverlässige prophetische Einsichten zu gewinnen.

Mit zunehmender Reife vollbringen die Orakulisten wahre Meisterleistungen der Raum-Zeit-Ubiquität, indem sie andere bioenergetisch kompatible Körper bewohnen. Ob in entfernten Chronologien oder in künstlichen Avataren in hyperrealistischen virtuellen Realitäten, diese arkturianischen Abgesandten werden Zeugen wahrscheinlichkeitstheoretischer Ereignisse, bevor sie Vorhersagen formulieren. Wenn sie in ihre ursprüngliche Form zurückkehren, bringen sie eine Fülle von Erfahrungen und Informationen mit, die katalogisiert und mit Computermodellen von Parallelwelten abgeglichen werden, um zuverlässige endgültige Vorhersagen abzuleiten.

Die ethische Erziehung ist ein fester Bestandteil der arkturianischen Gesellschaft. Von klein auf werden alle Bürger zu den edlen Idealen erzogen, die den verantwortungsvollen Umgang mit dem privilegierten Wissen über die Zukunft bestimmen sollten. Die Offenbarung von Visionen ist nur dann erlaubt, wenn sie den natürlichen Ablauf der Ereignisse nicht beeinträchtigt oder gegen elementare universelle Rechte verstößt. Diese ethische Verpflichtung wird durch den heiligen Eid bekräftigt, den jeder Orakulist vor dem Hohen Psychotronischen Rat des Arkturus ablegt, bevor er Operationen zur direkten Erfassung tiefgreifender zeitlicher Erkenntnisse durchführt.

Dieser ethische Ansatz wird durch sorgfältige Audits des Hohen Rates aufrechterhalten. Nur genehmigte Prognosen werden nach strengen ethischen Filtern auf verschiedenen Detailstufen zur Verfügung gestellt. Vorsicht ist geboten, um katastrophale Auswirkungen auf den Zeitstrom zu vermeiden, wenn allzu sensible Informationen vorzeitig an unvorbereitete Zivilisationen weitergegeben werden.

Die ausgefeilte Technik der Zeitsimulations- und Projektionsgeräte der Arkturianer ist zwar von entscheidender Bedeutung, stellt aber nur eine Facette des Orakelsystems dar. Das Wesentliche liegt in den außergewöhnlichen mentalen Fähigkeiten der Orakulisten.

Die Fähigkeit, andere Körper zu "bewohnen" und ihr Bewusstsein in andere Zeitalter zu projizieren, ist nicht nur eine Demonstration von Macht, sondern auch eine ethische Verantwortung. Wenn sie in ihre ursprüngliche Gestalt zurückkehren, bringen die Orakulisten nicht nur Informationen mit, sondern auch die Last der Entscheidungen und Erfahrungen, die sie auf ihren astralen Missionen gemacht haben. Diese Erfahrungen werden systematisch katalogisiert und mit Computermodellen von Parallelwelten abgeglichen, was zu Vorhersagen führt, die über die einfache zeitliche Linearität hinausgehen.

Die Ethik, ein Grundpfeiler der arkturianischen Gesellschaft, wird durch den heiligen Schwur vor dem Hohen Psychotronischen Rat gestärkt. Die Transparenz wird gewahrt, und jede orakelhafte Operation wird von den aufgestiegenen Meistern des Rates einer sorgfältigen Prüfung unterzogen. Dieser Prozess gewährleistet, dass nur ethische Vorhersagen, die mit den Grundprinzipien übereinstimmen, zur Konsultation freigegeben werden. Die Integrität des orakelhaften Systems der Arkturianer ist ein Schutz gegen den Missbrauch von privilegiertem Wissen über die Zukunft.

Doch selbst aufrichtigen Antragstellern kann der Einblick in bestimmte Ereignisse verwehrt werden. Der Hohe Rat, der um die Erhaltung des kosmischen Gleichgewichts bemüht ist, verschiebt oder verweigert Enthüllungen, die unannehmbare Risiken oder ungerechtfertigte Störungen mit sich bringen könnten. Die Verantwortung geht über den individuellen Wunsch hinaus; sie ist ein Schutz gegen den möglichen Missbrauch orakelhafter Informationen zugunsten eigennütziger Interessen.

Über Jahrtausende hinweg hat die ethische Konsequenz der Arkturianer im Umgang mit den Grenzfragen der transzendentalen Ethik den unerschütterlichen Ruf des legendären Orakels von Arcturus begründet. Das Orakel wird routinemäßig von hochrangigen Mitgliedern des Großen Kosmischen Rates um Rat gefragt, bevor sie pandimensionale Beschlüsse fassen, und ist eine zuverlässige Quelle tiefgreifender zeitlicher Einsichten. Die sorgfältige Verbreitung dieser Vorhersagen ist jedoch von entscheidender Bedeutung, um katastrophale Störungen des Zeitflusses zu vermeiden.

Die Vorhersagen der Arkturianer sind zwar genau, werden aber nicht als unumstößliche Gewissheiten angesehen. Die Allwissenheit, die ihnen oft zugeschrieben wird, wird entmythologisiert. Selbst die zuverlässigsten Vorhersagen werden als logische Extrapolationen betrachtet, die sich aus Erkenntnissen der subtilen Ebenen der Realität ableiten. Die Orakelmeister warnen vor dem Wahrscheinlichkeitscharakter eines offensichtlichen Determinismus und betonen, dass jede Vorhersage, wie fundiert sie auch erscheinen mag, immer mit einem gewissen Grad an Unsicherheit behaftet ist.

Um ein verantwortungsbewusstes Vorgehen zu gewährleisten, werden Vorhersagen in möglichst allgemein gehaltenen Formaten verbreitet. Die Sprache ist oft zweideutig, voller Metaphern und Metonymien. Diese Wahl ist keine Einschränkung, sondern ein Schutz, um irreführende Interpretationen, unbeabsichtigte hermeneutische Verzerrungen oder sich selbst erfüllende Prophezeiungen zu vermeiden. Die Vorhersagen werden auf eine sorgfältig kalibrierte Art und Weise angeboten, um den freien Willen der Empfänger zu respektieren und die mit einem fatalistischen Gefühl des Determinismus verbundenen Risiken zu minimieren.

Wenn das arkturianische Orakel zu Fragen von historischer oder kosmischer Bedeutung befragt wird, wählt es einen vorsichtigen Ansatz. Persönliche Angelegenheiten von geringerer Bedeutung werden dagegen direkt oder quantitativ bewertet, entsprechend den festgelegten Protokollen.

Die Vorhersagen der Arkturianer werden oft als Ausdruck von Allwissenheit angesehen, aber sie spiegeln vor allem die Fähigkeit der Arkturianer wider, sublime Perspektiven zu integrieren, die sie durch zeitliche Spionagetechniken gewonnen haben. Ihre hyperkomplexen Simulationen beruhen auf den besten wissenschaftlichen Erkenntnissen, die auf Arcturus Prime verfügbar sind. Selbst die zuverlässigsten Vorhersagen sind nur eine von zahllosen möglichen logischen Extrapolationen, wenn man die unvorhersehbare Beeinflussung von Entscheidungen berücksichtigt, die von empfindungsfähigen, mit einem freien Willen ausgestatteten Menschen getroffen werden.

Die Präzision der Modelle der Arkturianer leugnet nicht die probabilistische Natur des offensichtlichen Determinismus. Es gibt immer einen Spielraum für Abweichungen und Neudefinitionen, die durch noch nicht erfasste Variablen und dynamische Wechselwirkungen entstehen. Ungewissheit, und sei sie noch so gering, ist der Vorhersage inhärent und bestätigt die unergründliche Komplexität der Existenz.

Selbst angesichts der außergewöhnlichen Leistungen der Arkturianer warnen Wissenschaftler davor, dass in utopischen Gesellschaften unweigerlich dysfunktionale Individuen oder Subkulturen entstehen können. Aus diesem Grund sind alle sensiblen

Aktivitäten in Arcturus von strengen ethischen Compliance-Protokollen durchdrungen. Mutmaßliche Abweichungen werden von den zuständigen Stellen mit Transparenz und beispielhafter Strenge untersucht.

Die Arkturianer bleiben dem Ideal der Harmonie und des Wohlstands verpflichtet und sind sich bewusst, dass der Weg zur Evolution mit Hindernissen gespickt ist. Wahre Größe, so argumentieren sie, wird durch die Überwindung dieser Herausforderungen erreicht. Das Vermächtnis der Arkturianer geht nicht nur über ihre orakelhaften Fähigkeiten und technologischen Fortschritte hinaus, sondern auch über ihr ständiges Streben nach moralischer Vortrefflichkeit, das ihren Platz als ethische Wächter und geachtete Mentoren in den kosmischen Weiten festigt.

So haben sich die Arkturianer im Laufe der Zeitalter berechtigten Respekt und moralische Autorität erworben. Ihr tadelloses Beispiel, ihre edlen Werte und ihre bemerkenswerten Leistungen haben das allgemeine kosmische Bewusstsein gehoben. Die orakelhaften Aufzeichnungen sind bei weitem kein Selbstzweck, sondern ein sekundäres Nebenprodukt der unprätentiösen Bemühungen, das kosmische Bewusstsein zu heben und auf Wunsch Anleitung zu geben.

Zum Abschluss dieses Kapitels bleibt uns das Bild der Arkturianer als einer fortschrittlichen Gesellschaft, die die Zukunft nicht nur vorhersagt, sondern sie auf der Grundlage ethischer Prinzipien und eines unermüdlichen Strebens nach wahrer Größe gestaltet.

Kapitel 2
Die Mysterien Von Raum Und Zeit

Wie wir im vorigen Kapitel gesehen haben, hat das so genannte "arkturianische Orakel" seinen Ursprung in einer hochentwickelten Technologie, die in der Lage ist, erstaunlich genaue Vorhersagen über zukünftige Ereignisse zu machen, sowohl auf persönlicher als auch auf kollektiver Ebene. Diese außergewöhnliche Fähigkeit, mehrere probabilistische Zeitlinien zu "lesen", ist auf mehrere Faktoren zurückzuführen, angefangen bei der immensen Rechenleistung und der genauen Modellierung möglicher Realitäten durch die arkturianischen Maschinen.

Im Gegensatz zu den Spekulationen, die manche immer noch anstellen, ist diese technologische Ausrüstung, so fortschrittlich sie auch sein mag, nur ein Teil einer tieferen Gleichung, die ein dimensionales und quantenmechanisches Verständnis der Funktionsweise von Zeit und Raum beinhaltet.

Für die Arkturianer sind diese Bereiche keine isolierten Variablen oder lediglich physikalische Phänomene, die mit den primären menschlichen Sinnen wahrnehmbar sind. Sie sind beide Teil einer einzigen multidimensionalen Energiematrix, die Materie, Geist und Seele in integrierter Weise als Seiten derselben kosmischen Münze umfasst.

Auf dieser zugrundeliegenden Ebene, die die konkrete Manifestation von Ereignissen, wie wir sie wahrnehmen, bestimmt, lösen Zeit und Raum ihre normalerweise starren Grenzen auf, um durch Einbrüche in parallele Realitäten und alternative Linien der zeitlichen Wahrscheinlichkeit viel fließendere, holographischere und austauschbarere Konturen anzunehmen.

So ist das, was wir "Zukunft" nennen, nichts anderes als eine illusorische lineare Projektion, die vom menschlichen Geist geschaffen wurde, der immer noch in den Grenzen der Wahrnehmung des "Jetzt" als immer vom "Vorher" zum "Nachher" gleitend feststeckt.

Befreit von den dreidimensionalen Beschränkungen, die das physische Gehirn auferlegt, ist der erweiterte Geist der Arkturianer jedoch in der Lage, entfernte Zukünfte und ferne Vergangenheiten nicht mehr als getrennte Segmente entlang einer festen Zeitlinie zu erleben, sondern als miteinander verbundene Bewusstseinsfelder, die durch Quantensprünge sofort zugänglich sind.

Indem sie in diesen erhöhten Zustand transzendentaler Wahrnehmung eintreten, können sich geschulte arkturianische Propheten buchstäblich auf ihre eigenen projizierten Versionen als alternative Bewusstseine einstimmen, sie fühlen, konfabulieren und sogar mit ihnen interagieren, indem sie mehrere probabilistische Pfade in der Zukunft erleben.

Solche Punkte zukünftiger Erfahrung sind nicht zufällig verstreut, sondern oft selbstorganisiert in komplexen multidimensionalen Netzwerken von Knotenpunkten oder quantenüberlagerten Realitäten, die sehr ähnlich aussehen wie gigantische Fraktale, die sich schließlich auf der physischen Ebene durch Ableitung aus ihrer eigenen selbstähnlichen holographischen Natur manifestieren würden.

Durch ein tiefes Verständnis solcher Schlüsselprinzipien über die fundamentale Unwirklichkeit der chronologischen Zeit und die zugrunde liegende Gleichzeitigkeit aller unendlichen Möglichkeiten, die in einem potentiellen Zustand koexistieren, sind Hellseher in der Lage, zukünftige Ereignisse auf den subtilen Ebenen mit der gleichen Klarheit und Nähe zu "lesen", wie sie in unserem gewöhnlichen Verstand auf Erinnerungen an ihre eigene Vergangenheit zugreifen.

Ausgestattet mit solchen transzendenten eidetischen Fähigkeiten können Propheten sogar die wichtigsten Archetypen, Personas oder "Charaktere" dieser Handlungen, die sich schließlich in unserer konsensuellen Realität verdichten sollen, anhand ihrer zuvor visualisierten Quantenskizzen identifizieren und mit erkennbaren Taxonomien und Terminologien charakterisieren.

An dieser Stelle kommen die arkturianischen Computersimulationen ins Spiel, die akribisch alle beteiligten Variablen analysieren, um die relativen

Wahrscheinlichkeiten zu berechnen, mit denen sich diese von den Sehern gesehenen "Zukunftspotenziale" tatsächlich als die zu manifestierende reale Zukunft verdichten.

Um das "Signal" dieser Visionen aus dem imaginären subjektiven "Rauschen" herauszufiltern, das sie verunreinigen könnte, werden unzählige Gegenkontrollen zwischen den Vorhersagen verschiedener geschulter Propheten durchgeführt, bevor eine wichtige Prognose formalisiert und vom arkturianischen Orakel aufgezeichnet wird.

Diese gefilterten Prognosen, die einen extrem hohen Grad an Übereinstimmung zwischen verschiedenen Sehern und komplexen Computermodellen erreichen, werden vom Hohen Psychotronischen Rat der Arkturianer mit dem Siegel der Authentizität versehen, bevor sie nach ihrem Zuverlässigkeitsgrad kategorisiert und gegebenenfalls nach außen weitergegeben werden.

Die zahllosen Vorhersagen, die in den historischen Aufzeichnungen der Arkturianer festgehalten sind, reichen von persönlichen Beratungen mit Adligen aus verschmolzenen Zivilisationen bis hin zu Ratschlägen zu bedeutenden Ereignissen für ganze Welten, wie z. B. Massenmigrationen aufgrund ungünstiger klimatischer Bedingungen oder der Aufstieg und Fall von Imperien im Laufe der Jahrhunderte.

Sogar auf der Erde gibt es immer wieder Fälle von einflussreichen Gruppen, die insgeheim wichtige Entscheidungen auf der Grundlage orakelhafter

Beratungen mit den Arkturianern getroffen haben, seien es große politische und religiöse Führer oder sogar obskure initiatische Gesellschaften mit privilegiertem Wissen über die Zukunft der Menschheit.

Die Tatsache, dass die Astralarchive der Arkturianer so weit entfernte und präzise Informationen über so viele Völker, Planeten und Zivilisationen enthalten, weckt sicherlich die Neugier derjenigen, die sich dem Studium ihrer beeindruckenden Prognosetechniken widmen. Könnte es sein, dass diese Aufzeichnungen mit einer solchen Millimetergenauigkeit durch eine extreme Vergrößerung der ohnehin schon fantastischen hellseherischen Fähigkeit der Seher entstanden sind, die ferne Vergangenheit zu beobachten, wenn sie während ihrer hyperdimensionalen Tauchgänge die tiefe Zukunft konsultieren? Oder stecken vielleicht, wie eine beträchtliche Zahl von Orakelforschern spekuliert, noch exotischere Phänomene hinter dieser scheinbaren generationenübergreifenden Allwissenheit, die sich in den genauen Aufzeichnungen von Epochen manifestiert, deren direkte und indirekte Zeugen längst in den kosmischen Staub zurückgekehrt sind?

Diesen Forschern zufolge wäre es möglich, dass begabte arkturianische Projektionisten bei ihren psychospatialen Erkundungen nicht nur als immaterielle Beobachter auf beliebige Zeitkoordinaten zugreifen könnten, solange sie die "Frequenz" ihres außerkörperlichen Bewusstseins entsprechend auf kompatible Schwingungsparameter abstimmen. Es wird jedoch spekuliert, dass einige sehr fortgeschrittene Seher sogar noch weiter gehen könnten, indem sie dasselbe Prinzip der "dimensionalen Abstimmung" nutzen, um nicht nur bestimmte Abschnitte der Hologeschichte zu besuchen, sondern um tatsächlich in jeder beliebigen Zeitlinie von Interesse zu inkarnieren, bevor sie dann in ihre ursprüngliche Epoche zurückkehren.

Sollte sich diese Hypothese bestätigen, würde sie einen wahrhaft revolutionären Präzedenzfall darstellen, selbst für die ohnehin schon erstaunlichen Standards der transdimensionalen Manipulation, die diese Engelswesen an den Tag legen, die Nachkommen der ersten Funken jenseits der dimensionalen Leere, die eines Tages all die Materie und das Leben bilden würden, die derzeit in unzähligen Paralleluniversen organisiert sind. Denn solche Fähigkeiten würden bedeuten, dass durch aufeinanderfolgende "Quanteninfiltrationen", die von erfahrenen Sehern in der fernen Vergangenheit bestimmter Welten durchgeführt werden, alle notwendigen direkten Erfahrungen durch mehrfache Inkarnationen in den interessierenden Chronologien erworben werden könnten, um dann solche gelebten Aufzeichnungen in die Geburtsepochen dieser zeitlichen Agenten in der Zukunft ihrer eigenen ursprünglichen Kausallinie zurückzubringen.

Ausgestattet mit solchen persönlichen und unanfechtbaren Erfahrungsaufzeichnungen wären arkturianische Mnemonik-Historiker in der Lage, makellos genaue Vergangenheitsanalysen selbst von Epochen zu verfassen, deren direkte Teilnehmer und all ihre Werke längst im Sonnenuntergang der Zeit verblasst sind, als ein lokales Kontinuum, das schließlich dazu bestimmt ist, Quanten-Neudefinitionen der Identität zu erfahren oder einfach in höheren parallelen Realitäten wiedergeboren zu werden, die in ihren räumlich-zeitlichen Zusammenhängen weniger begrenzt sind.

Es scheint daher, dass dies die außergewöhnlichen Gaben der arkturianischen Seher sind: befreit von den Gittern starrer chronologischer Linearität in ihren Astralreisen, fähig, durch alle vergangenen oder zukünftigen Koordinaten zu schweben, ferne Ereignisse vorauszusehen oder physisch zu inkarnieren, um entfernte Epochen persönlich zu erleben, bevor ihre Essenzen in der Zukunft nach Hause zurückkehren. Die prophetischen Kinder von Arcturus scheinen sogar Kuratoren historischer Aufzeichnungen von beispielloser Präzision zu sein, die mehrere Realitäten integrieren und dank dieser einzigartigen Talente zeitlicher und multidimensionaler Ubiquität absolute Treue in ihren Chroniken garantieren können.

Im Besitz solch umfangreicher und präziser Sammlungen geht es bei den nächsten analytischen Bemühungen einfach darum, Trends aus dieser monumentalen Basis zeitlicher Big Data, die in ihren orakelhaften Banken zur Verfügung stehen, zu kompilieren, zu korrelieren und zu extrapolieren, um umfassende soziokulturelle Prognosen zu erstellen. Aus diesem Grund bleibt die sprichwörtlich beiläufige Durchsetzungskraft des arkturianischen Orakels unschlagbar, selbst wenn sie mit unabhängigen, über die ganze Föderation verteilten orakularen Kontrollgruppen verglichen wird, und wird informell als eine Art prophetischer "Goldstandard" angenommen, bei dem sogar andere respektierte Schutzgebilde, wie die hochmütigen Orientalen von Aldebaran oder die aufgestiegenen Weisen von Pleyades, um Konsultationen bitten, bevor sie ihre eigenen, nach außen hin bekannt gemachten kosmischen Vorhersagen formulieren.

Einige primitive Völker am Rande der Galaxis glauben sogar, dass das legendäre Orakel der Arkturianer in Wirklichkeit ein jahrhundertealtes System ist, das von den Vorfahren der heutigen arkturianischen Zivilisation hinterlassen wurde und so alt ist, dass es bis zu den Anfängen des lokalen Universums zurückreicht, als die ersten Sprösslinge empfindungsfähigen Lebens noch in ihren Vorstellungen von Kausalität und Determinismus krochen, unter materialisierten Simulakren, die neu erdacht wurden, um ihren Geist in der Ausbildung zu beherbergen, neu erweckt aus den ursprünglichen Denkformen des Universellen Seins, gefiltert aus den höheren Ebenen des Kosmischen Urbewusstseins und ihren individuellen Funken der Fragmentierung.

Auch wenn solche gegenteiligen Spekulationen angesichts der bewiesenen Meisterschaft der heutigen Arkturianer unwahrscheinlich erscheinen, so zeigen sie doch zumindest, wie außergewöhnlich und sogar bizarr nach gewöhnlichen kosmischen Maßstäben die orakelhaften Fähigkeiten dieser altgedienten Engelswesen sind.

In der Tat deutet alles darauf hin, dass die unübertroffene Qualität solcher prophetischen Projektionen in erster Linie auf die Exzellenz der sensorischen, intellektuellen, pandimensionalen und technischen Prozesse zurückzuführen ist, die in ihrem Gesamtbetrieb kombiniert werden und es ihnen ermöglichen, die gesamte Palette der Nuancen, die die Definition jeder Linie des manifestierbaren Potenzials bestimmen, mit einem Grad an Auflösung und Genauigkeit zu erfassen, der selbst von mächtigen künstlichen Intelligenzen aus fortgeschrittenen Welten, die sich der probabilistischen Vorhersage in der Tiefe der Zeit verschrieben haben, noch nicht zufriedenstellend erreicht wurde.

Kapitel 3
Universelle Energien

Wie in den vorangegangenen Kapiteln erläutert, ist das "Arkturianische Orakel" weit mehr als ein ausgeklügeltes technologisches System probabilistischer Vorhersagen. Tatsächlich hängt seine Funktionsweise in erster Linie von einer harmonischen Verbindung mit dem ab, was die Seher einfach als "die Universellen Energien" bezeichnen.

Aber was genau sind diese "Universellen Energien", die so entscheidend sind, um orakelhafte Deutungen von solch beeindruckender Genauigkeit zu ermöglichen, selbst nach hyperfortschrittlichen galaktischen Standards?

Die Erklärungen der Arkturianer enthalten bereits einige entscheidende Hinweise: Diese Energien sind keine abstrakte oder zufällige mystische Kraft. Im Gegenteil, sie manifestieren sich durch außerphysikalische Muster und Zyklen, die im Wesentlichen fraktaler, holographischer und vor allem bewusster Natur sind. Um seine Erzählung besser zu verstehen, müssen wir also vorübergehend unseren Horizont über die klassische Newtonsche Sichtweise hinaus erweitern, die das moderne wissenschaftliche Denken auf der Erde immer noch begrenzt, denn die grundlegenden Prinzipien, die die multidimensionale Realität in der arkturianischen Perspektive bestimmen, gehen einfach über die konventionellen Vorstellungen von linearer Kausalität hinaus.

Nach ihrer Kosmogenese wäre unser sichtbares Universum nichts anderes als ein zuvor nicht wahrnehmbares materielles Nebenprodukt von Energie-, Informations- und Bewusstseinsströmen, die von subtileren Ebenen ausgehen, aber kausal ontologisch vor der gewöhnlichen Raum-Zeit-Manifestation selbst liegen. Aus einer nicht-religiösen Perspektive könnten wir diese Ebenen poetisch mit einer Art primordialem kosmischen Protobewusstsein vergleichen, einer vormateriellen fundamentalen Intelligenz, die sich allmählich in Myriaden individueller Unterbewusstseine differenziert hätte, während sie ihren kreativen Zustrom durch die dichtesten Schichten der manifesten Realität ausstrahlte. In diesem fortwährenden Prozess der Exteriorisation würde jeder individualisierte Bewusstseinsfunke schließlich sein eigenes internes Universum formen und durch Dämmerungsprojektion verschiedene Raum-Zeit-Texturen materialisieren, wo sie dann beginnen würden, miteinander zu interagieren, und zwar in unterschiedlichen Graden des Selbstbewusstseins und sogar als Inkarnation in spezifischen Subuniversen wie dem unseren.

Natürlich würden diese scheinbar individualisierten Bewusstseinsströme angesichts dieses vereinheitlichten gemeinsamen Ursprungs unweigerlich durch ihre sehr subtilen nichtlokalen Wurzeln miteinander verbunden bleiben, die alle Schichten und manifesten Realitäten bis hinunter zur dichtesten physischen Ebene durchdringen, die von den bewussten Schöpfungen ihrer Nachkommen geformt wird. Dies ist die Essenz der arkturianischen Vorstellung von den so genannten "Universellen Energien": Sie sind multidimensionale Zuflüsse, die von diesen primär hyperdimensionalen überbewussten Ebenen zu den unteren Schichten der wahrnehmbaren Manifestation ausstrahlen. Diese archetypischen Energien, die durch alles fließen, was die physischen Welten und ihre Bewohner ausmacht, stellen keine blinden Kräfte dar, sondern hochintelligente Ströme von Informationen, Bewusstsein und sogar schöpferischen Absichten - bewusste morphogenetische Codes, die in der Lage sind, Formen, Ereignisse und sogar ganze Zivilisationen zu verdichten, wenn sie von den Gravitationsfeldern angezogen und organisiert werden, die um komplexe Brennpunkte des manifesten Bewusstseins, wie planetarische oder galaktische Inkarnationen, erzeugt werden.

In diesem Zusammenhang würde die sehr selbstähnliche fraktale Struktur, die in den meisten Naturphänomenen zu beobachten ist, aus diesem sich ständig erneuernden gerichteten Fluss miteinander verbundener individueller Bewusstseine resultieren, die ihre gemeinsame Essenz durch analoge zyklische Prozesse der kreativen Verinnerlichung und Äußerung auf verschiedene Substrate projizieren. Mit anderen Worten, die Arkturianer erklären die charakteristischen

Codes, die immer wieder in die Natur eingebettet sind, als Reflexion bereits existierender universeller archetypischer Muster im ursprünglichen kollektiven Überbewusstsein, die sich dann imaginär durch die verschiedenen geschaffenen Realitäten ausdrücken - die alle holographisch in ihren eigenen elementarsten atomaren Strukturen die "Gene" des vielfältigen Ganzen enthalten, aus dem ihre relative zeitliche Existenz hervorgeht. Dieser emanationistischen Logik folgend wären auch die astrologischen Zyklen, die von den alten irdischen esoterischen Schulen so akribisch kartiert wurden, nichts anderes als äußere Epiphanien dieser multidimensionalen inneren Zuflüsse, die sich auf Subquantenebenen zwischen den Ebenen ereignen, die direkt für die sehr kontinuierliche Genese immer neuer Mikro- und Makromikroskope verantwortlich sind. Kurz gesagt, in der arkturianischen Vision würden alle Dimensionen der wahrnehmbaren Existenz buchstäblich in diesen riesigen Ozean archetypischer universeller Energien eintauchen, die ihnen durch alle Arten von verschachtelten Zyklen unauslöschlich eingeprägt sind und die Muster der zugrunde liegenden Einen Essenz durch die Myriaden relativer Formen, die sie annimmt, unweigerlich an die Oberfläche bringen. Und genau durch diese hyperdimensionalen Kanäle, die das Raum-Zeit-Konsensgefüge durchspülen, wären geschulte arkturianische Sensitive in der Lage, einen flüchtigen Blick auf die allgegenwärtige Zukunft in der Macht zu erhaschen, die dazu bestimmt ist, sich im äußeren Jetzt zu offenbaren, und zwar durch die kontinuierliche Entfaltung dieser musterorientierten Gestaltungskräfte der unzerstörbaren natürlichen Ordnung in ihrem ewig neu erfundenen Fluss.

Wie bewusste Fische, die in der universellen Strömung schwimmen, würden Hellseher einfach von klein auf lernen, charakteristische energetische Signaturen zu erkennen, die bevorstehende Manifestationen zukünftiger Realitäten vorwegnehmen, die sich bereits in einem fortgeschrittenen Stadium der Reifung innerhalb ihrer noch vormateriellen protodimensionalen Kokons befinden. Psychometrische Messungen der relativen Qualitäten und Volumina dieser multidimensionalen Informationsströme würden in gewissem Maße komplexe Ereignisse und Formen "ankündigen", die im Begriff sind, sich durch aufeinanderfolgende Ableitungen aus diesen hoch erleuchteten überbewussten Quellen dicht zu materialisieren und ihre formgebenden Zuflüsse ewig zu entfalten. Um diese Wahrnehmungen in verständliche Begriffe zu übersetzen, greifen wir dann auf präzise multidimensionale Computermodelle zurück, die in der Lage sind, zahllose Quantenvariablen und Trends zu integrieren, die von den hyperentwickelten sensorischen Fähigkeiten dieser arkturianischen aufgestiegenen Meister erfasst werden.

Dank dieser außergewöhnlichen Verbindung von hellseherischen Gaben, orakelhafter Technologie und tiefem theoretischen Verständnis des Raum-Zeit-Kontinuums als dynamisches Hologramm, das von früheren Bewusstseinsebenen projiziert wird, hat sich das so genannte Arkturianische Orakel seinen wohlverdienten Ruf als einzigartig genaues prophetisches Gerät selbst nach den in dieser Region des Lokaluniversums vorherrschenden hochentwickelten Standards erworben.

Doch wie die hermetische Weisheit lehrt, "wie unten, so oben", erlauben dieselben universell gültigen fraktalen Prinzipien den Sehern, makro-manifestierende Muster vorherzusehen, die zyklisch auch in mikrokosmischen Sphären der Realität wirken.

Obwohl sich das Orakel in erster Linie auf kollektiv vereinbarte Ereignisse von breitem zivilisatorischem Interesse konzentriert, wird es traditionell auch in kleinerem Maßstab eingesetzt, um Vorhersagen zu treffen und individuelle Ratschläge für diejenigen zu geben, die bereit sind, die vorgeschlagenen Präventionsrichtlinien mit Mut und Entschlossenheit zu befolgen.

Es gibt zahllose historische Beispiele, von einfachen Bürgern, die einige Monate im Voraus vor drohenden Naturkatastrophen oder Konflikten in ihrer Region gewarnt wurden und sich daraufhin vorbereiten und vorübergehend in sichere Gebiete auswandern konnten, bis hin zu mächtigen Herrschern und planetarischen Herrschern, die Attentate, Palastintrigen oder militärische Niederlagen vermeiden konnten, indem sie verschiedene präventive Entscheidungen trafen, nachdem sie das furchterregende Orakel der Arkturianer durch Botschafter und Astralboten konsultiert hatten.

Wie in den meisten kollektiven Fällen steigen jedoch auch die individuellen Erfolgschancen beträchtlich, je nach dem Grad des inneren

Verständnisses, der moralischen Tugend und der Entschlossenheit, Gedanken, Gefühle und Handlungen nach den von den Orakelkonsultationen vorgeschlagenen Neuausrichtungen auszurichten, die genau auf die Bedürfnisse des jeweiligen Einzelfalls zugeschnitten sind.

Schließlich ist es selbst für eine derart fortgeschrittene Technologie mathematisch unmöglich, absolut sichere personalisierte Vorhersagen zu erstellen, ohne zunächst tiefe und stabile energetische Verbindungen mit jedem einzelnen beratenden Bewusstsein herzustellen, um minimale synchronistische Parameter zu definieren, die in der Lage sind, das komplexe Spektrum der Variablen, die für jeden einzigartigen biologischen Wirt und seine unzähligen vorstellbaren wahrscheinlichen Kreuzungen, die seine potenziellen persönlichen Realitäten fraktal erweitern, innerhalb akzeptabler Margen zu verankern.

Sobald jedoch eine solch tiefe Verbindung durch aufeinanderfolgende Konsultationen und die erwiesene emotionale und intellektuelle Empfänglichkeit des Beraters für die aufgedeckten Vorstudien fest etabliert ist, werden die arkturianischen Analytiker allmählich fähig, hochgradig personalisierte Einsichten und Vorschläge mit einer zunehmenden Chance auf Durchsetzungsvermögen zu generieren, selbst bei heiklen Angelegenheiten, die Gesundheit, Beziehungen, Karriere und andere für das individuelle Schicksal entscheidende Themen betreffen.

Zu den außergewöhnlichen Beispielen gehören zahllose aufgezeichnete Fälle von unheilbar kranken

Patienten, die sich erholt haben, nachdem sie den personalisierten Behandlungsempfehlungen des Orakels gefolgt sind, Paare in Grenzsituationen, deren Beziehungen neu belebt wurden, nachdem sie wichtige, übereilt getroffene Entscheidungen überdacht haben, oder sogar sozial Ausgestoßene, die ihre Lebensgeschichte völlig umgekrempelt haben, indem sie wertvolle Hinweise auf Entscheidungen und Prioritäten erhielten, die sie in ihrer normalerweise defätistischen Stimmung und Sichtweise nie in Betracht gezogen hatten.

Obwohl es für eine Zivilisation, die immer noch weitgehend materialistisch ist, wie die gegenwärtige irdische, unvernünftig klingen mag, deutet alles darauf hin, dass die Heilung oder Verschlechterung jedes manifesten biologischen Systems in erster Linie aus den energetischen und informationellen Zuflüssen resultiert, die von seinem inneren Bewusstseinswirt durch seine verdichteten äußeren Hüllen projiziert werden.

Folgt man dieser Argumentation, die mit den zuvor erläuterten holographischen Prinzipien kohärent ist, so hätte die Neuformulierung solch tiefgreifender persönlicher Muster des Selbstglaubens und der selbstmaterialisierenden Erwartungen durch synchronistische Interventionen wie die Vorhersagen und Ratschläge des arkturianischen Orakels die Fähigkeit, die subtile und dichte Energiematrix selbst subatomar neu zu definieren, die dafür verantwortlich ist, innerhalb der festgelegten inneren Grenzen das realisierbare Spektrum wahrscheinlicher physischer Erfahrungen zu formen, die sich auf dem einzigartigen

Weg jedes Individuums in der gemeinsamen konsensuellen Zeit entfalten.

Kurz gesagt, ob auf der individuellen mikrokosmischen Ebene oder im kollektiven Makrokosmos, der Modus Operandi hinter den erstaunlichen Raten orakelhafter Präzision, die wiederholt bestätigt wurden, scheint tatsächlich auf diese einzigartige Fähigkeit zurückzuführen zu sein, Informationszuflüsse und -tendenzen in einem keimhaften, noch nicht manifestierten Stadium knapp unterhalb der Schwelle der gewöhnlichen Wahrnehmung zu erfassen und sie dann analytisch in Begriffe zu übersetzen, die den Mustern mechanistischer Kausalität, die auf der gegenwärtigen Stufe der Beratungszivilisationen noch vorherrschen, schmackhaft sind.

Als multidimensionale Entfaltungen derselben Einen Essenz auf ihren ursprünglichen archetypischen Ebenen scheint die innerlich erkannte Verbindung als individualisierte Identität mit diesem Bewusstseinskontinuum, das allem und allen Wesen gemeinsam ist, den arkturianischen Eingeweihten das Privileg zu verleihen, zukünftige Wahrscheinlichkeiten, sowohl innerlich als auch äußerlich, mit einem beeindruckenden Grad an Durchdringung und Durchsetzungsvermögen vorherzusehen, der noch wenig verstanden wird.

Kapitel 4
Divinatorische Werkzeuge

Zu den heiligsten Instrumenten, die von den arkturianischen Sehern verwendet werden, um ihre Weissagungen durch das Orakel durchzuführen, gehören die sogenannten Vhyr-Taerya oder Divinatory Tools. Sie sind wahre energetische Erweiterungen ihres erweiterten Verstandes, die in der Lage sind, verborgene Muster im Gefüge der Raumzeit aufzuspüren.

Die Vhyr-Taerya fungieren als Katalysatoren, die die angeborenen psychischen Fähigkeiten der Arkturianer verstärken und es ihnen ermöglichen, Einblicke in ferne Ereignisse der Vergangenheit und Zukunft zu erhalten, die sie dann im Lichte ihres umfassenden mystischen Wissens interpretieren.

Nach arkturianischer Überlieferung waren die Vhyr-Taerya ein Geschenk der Kryonn, einer kristallinen außerirdischen Rasse mit hoher spiritueller Weisheit. Da sie auf einer feindlichen Dimensionsebene leben, haben die Kryonn nur selten direkten Kontakt zu den Humanoiden. Bei den Arkturianern machten sie jedoch eine Ausnahme und schenkten ihnen diese Instrumente.

Es heißt, dass die Kryonn nach jahrhundertelanger Beobachtung der tugendhaften Entwicklung der Arkturianer und ihres Strebens, die Rätsel des Universums zu entschlüsseln, Mitleid mit ihnen hatten und beschlossen, ihnen das Vhyr-Taerya zu geben, um das Erwachen ihres Geistes zu beschleunigen und ihren freien Willen besser zum kosmischen Nutzen zu nutzen.

Seitdem die arkturianischen Priester das Vhyr-Taerya in ihre orakelhaften Praktiken integriert haben, konnten sie die Reichweite und Genauigkeit ihrer astralen Vorhersagen erheblich steigern und wurden zu einem unverzichtbaren Bezugspunkt für alle, die sich für die Wahrsagekunst interessieren.

Ursprünglich vermachten die Kryonn den Arkturianern sieben Haupt-Vhyr-Taerya, eine Zahl, die in ihrer Kultur eine starke esoterische Symbolik hat. Später entwickelten die Arkturianer selbst neue hybride Werkzeuge, indem sie spezielle Kristalle mit Edelmetallen und alchemistischen Legierungen in zusammengesetzten Rezepten kombinierten, deren Einzelheiten geheim bleiben.

Die ursprünglichen sieben Vhyr-Taerya werden bis heute als die heiligsten verehrt und in den wichtigsten divinatorischen Ritualen verwendet, die von arkturianischen Sehern in den Qrnil-G-Tempeln durchgeführt werden, die über die zwölf Planeten verteilt sind, die den Stern Arkturus im Sternensystem Alpha Boötis umkreisen. Der erste von ihnen ist der Silberne Atlantis, ein dreieckiges silbernes Pendel, das über dreidimensionalen Sternenkarten schwingt und Lichtlinien projiziert, die Orte von astro-historischer

Bedeutung anzeigen und es den Sehern ermöglichen, Ereignisse aus der Vergangenheit bis ins Detail zu rekonstruieren.

Ein weiteres erwähnenswertes Original von Vhyr-Taerya ist der Thyorium-Kessel, ein siebeneckiger Kelch mit eingravierten Glyphen auf der Außenseite, der die Eigenschaft hat, spontan zu kochen, wenn er während der Sonnenwenden und Finsternisse in kochendes Wasser getaucht wird. Anhand der Intensität des Siedens und der Färbung des Wassers lassen sich die Intensität und die Art der kosmischen und sozialen Ereignisse vorhersagen, die sich vor der nächsten zeitlichen Ausrichtung ereignen werden. Je dichter die Dampfwolke und je reiner das Wasser, desto schwieriger werden die Ereignisse sein.

Ein weiterer Handwerksgegenstand, der oft in Verbindung mit dem Thyorium-Kessel verwendet wird, um die Ergebnisse zu maximieren, ist das Vharian-Medaillon, eine Halskette mit einem Anhänger aus dunklem Kristall, der als Frequenzwandler für das umgebende elektromagnetische Feld dient.

Wenn das Medaillon nach Ritualen mit dem Kessel in kochendes Wasser getaucht wird, fängt es subtile Informationen ein und speichert sie vorübergehend in seinem Kristall, auf die Hellseher in einem meditativen Zustand telepathisch zugreifen können. Die eingefangenen Botschaften werden als traumartige Bilder von Landschaften mit räumlichen Falten dargestellt, die symbolische Panoramen zukünftiger Ereignisse offenbaren. Die Interpretation der Symbolik der in diesen Visionen beobachteten

Elemente erfordert eine umfassende Ausbildung in der arkturianischen Psyche.

Ein weiteres äußerst wertvolles Werkzeug für die Arkturianer ist der Orb of Chronoss, eine Kugel aus glasartigem Material, die von zwei konzentrischen Ringen umgeben ist, die um die leuchtende Kugel rotieren und ein radiales Gravitationsfeld erzeugen, das in der Lage ist, Zeitlinien zu biegen. Indem sie meditativ in den hypnotischen Strudel blicken, der durch die synchronisierte Bewegung von Chronoss entsteht, können arkturianische Seher einen klaren Blick auf Umweltpanoramen aus verschiedenen Perioden der Vergangenheit und Zukunft werfen und so Fernvisionen von Parallelwelten erhalten.

Die Göttliche Trommel von Arghhonatz hingegen ist ein heiliges Musikinstrument, für dessen Bau insgeheim Metalle und Mineralien verwendet werden, die nur in den Höhlen von Galh-Styynz zu finden sind, einem mythischen Berg aus Kristallen im Inneren von Arcturus IV, einem der zwölf Planeten, die den Stern Arcturus umkreisen.

Wenn die Trommel rhythmisch angeschlagen wird, sendet sie spezielle vibrierende Frequenzen aus, die in der Lage sind, die Gehirnströme zu verstärken, schlummernde psychische Kanäle im Geist der Seher zu öffnen und ihnen den Zugang zu vergangenen Leben zu ermöglichen, die sowohl mit ihrer eigenen Existenz im universellen Quantenfeld als auch mit der anderer beratender Wesen zusammenhängen.

Unter all den von Kryonn hinterlassenen Originalinstrumenten ist das beeindruckendste Vhyr-

Taerya nach Ansicht der Arkturianer jedoch das Interdimensionale Teleskop, eine Art prismatisches Teleskop aus Lapislazuli und speziellen Kristallen, mit dem man in schwarze Löcher, ferne Galaxien und sogar in Parallelwelten außerhalb des bekannten elektromagnetischen Spektrums sehen kann.

Der Blick durch das Teleskop während bestimmter planetarischer Ausrichtungen erzeugt im erweiterten Geist der arkturianischen Seher Visionen von multidimensionalen Kaleidoskopen mit unzähligen Galaxien und humanoiden Konstellationen, die auf verschiedenen zivilisatorischen Stufen jenseits der irdisch-menschlichen Ebene koexistieren, und erlaubt ihnen so, potenzielle Schicksale vorherzusehen, die die menschliche Rasse auf ihrer evolutionären Reise erwarten.

Zusätzlich zu diesen sieben ursprünglichen Vhyr-Taerya haben die Arkturianer im Laufe der Zeit Dutzende anderer, äußerst ausgeklügelter hybrider Wahrsagerwerkzeuge entwickelt, bei deren Herstellung verschiedene Edelsteine, Mineralien und spezielle Metalle verwendet werden.

Die alchemistische Raffinesse dieser Instrumente gilt selbst nach arkturianischen Maßstäben als geheim, und ihre Verwendung ist nur den ranghöchsten Hierophanten des astrologischen Ordens bei den Ritualen der Zeit im Tempel von G'rhynzul auf dem Planeten Arcturus Prime vorbehalten.

Unter diesen postkryonischen Hybridwerkzeugen beeindruckt die Animatus-Sternkarte, eine dreidimensionale Darstellung der Milchstraße aus

Flüssigkristall und Magnetitpulver mit übernatürlichen Eigenschaften, die Berater aus anderen Welten am meisten. Die Karte verfügt über die unheimliche Fähigkeit, hyperrealistische Animationen der Bewegung der gesamten Galaxie aus der Außenperspektive auf ihrer Oberfläche darzustellen, die sich je nach den Einstellungen, die die Seher während ihrer Konsultationen vornehmen, mit unterschiedlicher Geschwindigkeit von der Gegenwart in die Zukunft bewegen. Wenn man die Animation an einem bestimmten Punkt in der Zukunft anhält, zeigt die Karte die Position und das Aussehen aller Sterne an diesem Punkt in der Raumzeit, was es den Arkturianern ermöglicht, Analysen und Vorhersagen zu machen, die auf den wahrscheinlichen energetischen Auswirkungen der stellaren Ausrichtungen auf die angrenzenden kosmischen Quadranten basieren.

Ein weiteres Werk von beeindruckender Schönheit und orakelhafter Kraft ist das Planetarium des Vhyprianus, eine Miniaturnachbildung des Planetensystems des Arkturus, bei dem jede Welt durch einen kostbaren Edelstein dargestellt wird, in den mystische Symbole und damit verbundene magische Eigenschaften eingraviert sind. Die zwölf Miniaturwelten umkreisen die große zentrale Diamantkugel, die Arkturus darstellt, wobei sich die gesamte Komposition sanft dreht, unterstützt durch das Antigravitationsfeld eines Palladiumwürfels.

Wenn sich die arkturianischen Seher dem Planetarium während ihrer Beratungen nähern, können sie subtile Schwankungen in den Bahnen der Edelsteine sowie vorübergehende Fulgurationen und Finsternisse wahrnehmen, die ihnen verschlüsselte Informationen über bevorstehende oder laufende Ereignisse in den verschiedenen Welten übermitteln, so dass sie vorbeugend oder korrigierend eingreifen können.

Es gibt auch den Projektor-Orb, eine Hohlkugel aus Koruum (flüssigem Silber), die mit alchemistischen Markierungen und numerologischen Runen versehen ist und in deren Inneren sich eine umgekehrte kristalline Nullfeldflüssigkeit befindet. Wenn sie von Sehern während spezieller Auguren geschüttelt und geworfen wird, schwebt der Orb in der Luft und projiziert Lichtstrahlen, die dreidimensionale Bilder von Wesen und Ereignissen aus verschiedenen alternativen Zeitlinien bilden.

Um diese Mischung aus zufälligen Szenen zu deuten, muss man sie in den Kontext der arkturianischen Symbolik einordnen, aber sie kann Verbindungen zwischen scheinbar unverbundenen Variablen aufzeigen und ermöglicht es, Ereignisse von großer Tragweite vorauszusehen, selbst auf Ebenen, die weit vom gegenwärtigen Blickfeld der Seher entfernt sind.

Ein weiterer mystischer Gegenstand, der bei der Orakeltätigkeit der arkturianischen Hohen Hierophanten von großer Bedeutung ist, ist die Trommel des Vhyprius, die aus einer verschmolzenen Metalllegierung aus Silber, Kobalt, Eisen und Kohlenstoff besteht und über einzigartige Klangeigenschaften verfügt.

Ihre Form ähnelt einem sternförmigen Dodekaeder, dessen fünfeckige Flächen mit leuchtenden Glyphen graviert sind. Wenn er rhythmisch angeschlagen wird, sendet er isochrone Frequenzen aus, die Bewusstseinsveränderungen hervorrufen und das präzise Channeln von Wesenheiten und Botschaften aus parallelen Ebenen ermöglichen, die sich in Form von Quantenschriften materialisieren.

Diese Botschaften enthalten wertvolle Hinweise und uralte Ratschläge für Dilemmas, mit denen sowohl die arkturianische Zivilisation als auch andere Kulturen konfrontiert sind, mit denen sie im Rahmen eines gegenseitigen Lernaustauschs über die stellaren Zeitalter hinweg in Kontakt treten.

Erwähnenswert ist das atlantische Medaillon, ein rautenförmiges Stück aus Kelzon, einem Kristall, der astrale Energien speichern und verstärken kann. Es enthält versiegeltes Wasser aus den Ozeanen von Lhyrenzius, einem legendären ozeanischen Planeten, der dort existiert haben soll, wo sich heute der Asteroidengürtel befindet.

Alten stellaren Aufzeichnungen zufolge wurde Lhyrenzius durch aufeinanderfolgende Kollisionen von Meteoren zerstört, die von seinem intensiven elektromagnetischen Feld angezogen wurden. Vor seinem vollständigen Zerfall sammelten die Weisen von Lhyrenzius jedoch lebenswichtige Essenzen, die heute im Medaillon als reliquarische Quanteninformationen von Welten aufbewahrt werden, die wiedererweckt werden sollen.

Durch Eintauchen des Medaillons in Energiequellen während der Konsultationen im G'rhynzul-Tempel können Hierophanten Zugang zu lhyrenzianischer Weisheit in Form von telepathischen

Einsichten mit lehrreichen Enthüllungen über die holoweltlichen Herausforderungen erhalten, die die Übergänge zwischen kosmischen Epochen in den Evolutionsprozessen der empfindungsfähigen Planeten durchdringen.

Ein weiteres großartiges Werk ist der Celestióculo de Italh-Bren, ein komplizierter Himmelsglobus aus transparenten Amorosokristallen, der auf einem Rahmen aus Kripturium, einem antigravitativen Metall, montiert ist und über energetisierten Becken schweben kann, die dreidimensionale Sternenhologramme projizieren, die wahrscheinliche Veränderungen im Lauf der Sterne und mögliche Kollisionen anzeigen.

Durch Manipulation der inneren Strukturen des Celestióculo mittels mental übermittelter Codes können die Hierophanten die holografische Projektion beschleunigen und so die relative Position von Sternen und Planeten an jedem beliebigen zukünftigen Punkt in der Raumzeit visualisieren, sogar jenseits des Ereignishorizonts, der mit den traditionellen Techniken der arkturianischen Astrologie vorhersehbar ist.

Auf diese Weise können nicht nur mögliche meteorologische oder seismische Katastrophen größeren Ausmaßes vorhergesehen und abgewendet werden, sondern es können auch die günstigsten Zeitpunkte für die Großen Konklaven der Erleuchteten des Arkturus gewählt werden, bei denen die Hierophanten von Alpha Boötis Vertreter anderer stellarer Kulturen zum gegenseitigen Austausch von multidimensionalem Wissen empfangen, das dem spirituellen Fortschritt der gesamten galaktischen Gemeinschaft dient.

Das exotischste aller arkturianischen Wahrsagerwerkzeuge ist jedoch der so genannte Khaa'Lynrian Chrono-Comprehender, eine Art halborganische Maschine, die telepathisch mit dem Bewusstsein des Tempels von G'rhynzul verbunden ist.

Mit Hilfe komplizierter Systeme aus piezoelektrischen Kristallen und supraleitenden Metallen ist der Chrono-Comprehender in der Lage, subtile chronotronische Anomalien aufzuspüren, die immer dann auftreten, wenn Dimensionsreisende aus der Zukunft irgendwo im Multiversum mit der Gegenwart interagieren. Er sendet Warnmeldungen aus, die es den Hierophanten ermöglichen, selbst minimale potenzielle Auswirkungen, die von solchen anonymen Besuchern verursacht werden, zu erkennen und zu interpretieren und gegebenenfalls Präventivmaßnahmen zu ergreifen.

Spekulationen zufolge, die von den Hierophantenwächtern des Mysteriorum Arcturianum selbst nie offiziell bestätigt wurden, wäre der Khaa'Lynrian Chrono-Understander in Wirklichkeit ein Geschenk des halblegendären Volkes, das nur als Die Fixierer der Zeitalter bekannt ist.

Die Legende besagt, dass die Fixierer der Zeitalter einen transdimensionalen Orden bilden, der für die Konsolidierung und Bewahrung der vorherrschenden Zeitlinien verantwortlich ist, die am Ende jeder lokalen planetarischen Ära die offizielle akashaische Aufzeichnung bilden werden.

Zu diesem Zweck überwachen sie ständig die Zusammenstöße zwischen abtrünnigen Chronologen, die vergangene Ereignisse umschreiben wollen, um zeitliche Verwerfungen zu provozieren, die erhebliche Auswirkungen auf die künftige Entwicklung der Zivilisationen haben werden. Die Verleihung des Chrono-Comprehender an die Arkturianer wäre daher eine Geste der Anerkennung für ihre edle Mission, das zeitliche Gleichgewicht zu wahren und den natürlichen Fluss der kosmischen Evolution zu schützen.

Bei der Erforschung der Vhyr-Taerya, von den ursprünglichen sieben bis hin zu den ausgeklügelten hybriden Wahrsagewerkzeugen, wird deutlich, dass die Arkturianer eine tiefe Symbiose mit diesen Instrumenten entwickelt haben. Die Beherrschung dieser Instrumente bereicherte nicht nur ihre orakelhaften Praktiken, sondern stärkte auch die Verbindung zwischen den arkturianischen Sehern und den kosmischen Kräften, die das Universum lenken.

Kapitel 5
Kosmische Astrologie

Die kosmische Astrologie ist eine der tiefgründigsten und heiligsten Formen der Weissagung, die von den Arkturianern in ihrem legendären Orakel verwendet wird. Sie interpretiert die Bewegungen und Ausrichtungen der Himmelskörper, um die Pläne des Universums zu enthüllen und die Geheimnisse der Zukunft zu enträtseln.

Die Arkturianer glauben, dass die Sterne einen starken energetischen Einfluss auf alle Wesen ausüben. Jeder Planet und jeder Stern sendet einzigartige elektromagnetische Frequenzen aus, die mit den aurischen Feldern der Lebewesen interagieren und deren Realität verändern.

Durch sorgfältige Beobachtung der kosmischen Choreographie der Sterne entschlüsseln die Arkturianer eine subtile und symbolische Sprache, die den Schlüssel zum Verständnis der zeitlichen Zyklen enthält, die die Existenz bestimmen. Es ist, als ob der Sternenhimmel in stiller Poesie von den kommenden Ereignissen erzählen würde.

Für die Arkturianer sind die Erde und das gesamte Sonnensystem in einem multidimensionalen Energienetz untrennbar miteinander verbunden. Was einen betrifft, hat Auswirkungen auf alle; kein kosmisches Phänomen tritt isoliert auf.

Auf diese Weise können die Arkturianer durch die Interpretation einer bestimmten Ausrichtung oder Planetenbewegung umfassende Vorhersagen treffen, die von klimatischen und sozialen Ereignissen auf der Erde bis hin zu dimensionalen Transformationen auf kosmischer Ebene reichen.

Eine der Grundlagen der kosmischen Astrologie liegt in der sorgfältigen Beobachtung der Zyklen zwischen den Himmelskörpern. Die Arkturianer verfolgen die Umläufe, Umlaufbahnen, Synchronizitäten und Begegnungen zwischen Planeten, Monden, Sonnen und Sternen mit jahrtausendealtem Wissen. Diese Zyklen offenbaren verborgene Muster über die kosmischen Zeitalter, die das Universum in seiner ewigen Existenz durchläuft. Wie das Rad des irdischen Tierkreises gibt es größere Räder, die Kalpas, d.h. Zyklen von Millionen oder Milliarden von Jahren, bestimmen.

Die Arkturianer sagen zum Beispiel, dass die derzeitige Ausrichtung der Erde auf das Zentrum der Galaxie die Menschheit tiefgreifend beeinflussen und in den kommenden Jahrhunderten zu einer intensiven spirituellen Beschleunigung und Bewusstseinserweiterung führen wird. Es ist das Erwachen zu einer neuen kosmischen Ära. Ein weiterer wichtiger Stern, der von den Arkturianern in ihrer kosmischen Astrologie verwendet wird, ist Alcyone, die Zentralsonne. Sie ist der Hauptstern im Sternbild der

Plejaden, das in der griechischen Mythologie als die Heimat der sieben siderischen Schwestern gilt.

Nach den Lehren der Arkturianer öffnen sich interdimensionale Portale, wenn Alcyone intensive Lichtstrahlen aussendet und sich magnetisch auf unsere Sonne ausrichtet, durch die hochentwickelte Wesen mit einer Mission zur Erde gelangen.

Jesus soll bei seiner Geburt einen direkten Zustrom von Alcyones Licht erhalten haben, was seine spirituellen Kräfte außerordentlich verstärkte und ihn zu einem Avatar der neuen kosmischen Ära auf der Erde machte. Auch andere Meister und Propheten sollen von Alcyone gesegnet worden sein.

In den Sternbildern und ihren Mythologien finden die Arkturianer reiche Symboliken und Prophezeiungen über den Weg der Menschheit. So werden beispielsweise das Sternbild Skorpion und seine Legende als Hinweis auf die Widrigkeiten gedeutet, denen die Menschheit auf ihrem evolutionären Weg begegnen würde.

Für die Arkturianer hingegen stehen die Konstellation des Wassermanns und seine Symbolik des Goldenen Zeitalters für die kommenden Zeiten. Der gegenwärtige Prozess des Übergangs des irdischen Tierkreises in dieses Zeitalter, mit dem Übergang der Zeitalter von den Fischen zum Wassermann, würde tiefgreifende soziokulturelle Veränderungen auf der Erde anzeigen.

Bestimmte astronomische Ereignisse und Phänomene, die von den arkturianischen Astrologen mit Spannung erwartet werden, sind Mond- und

Sonnenfinsternisse. Für sie stellen solche Ereignisse Überschneidungen zwischen Ebenen und Dimensionen dar und ermöglichen die subtile Wahrnehmung paralleler Realitäten während der vorübergehenden Linien, in denen der Mond die Sonne verdeckt oder die Erde ihren Schatten auf den Mond wirft.

Bei einer Mondfinsternis zum Beispiel bildet sich ein multidimensionaler kosmischer Kegel, dessen Spitze mit der genauen Position des Mondes zum Zeitpunkt des Phänomens zusammenfällt. Dieses einzigartige interdimensionale Portal ermöglicht es den Arkturianern, ihr Bewusstsein in parallele Realitäten zu projizieren und so bestimmte zukünftige Ereignisse vorherzusagen.

Bei Sonnenfinsternissen interpretieren die Arkturianer die Symbolik des projizierten Schattens als Darstellung der Widrigkeiten, die periodisch das Licht der Sonne verdunkeln und Stagnation und Verfall vor evolutionären Sprüngen bringen, aber nach jeder Sonnenfinsternis kehrt das Licht des Fortschritts verstärkt zurück.

Ein weiterer wichtiger kosmischer Marker in der arkturianischen Astrologie sind die Tagundnachtgleichen und die Sonnenwenden, d. h. die Zeiten des Jahres, in denen Tag und Nacht auf der Erde gleich lang sind und in denen die längsten Tage bzw. die kürzesten Nächte des Jahres auftreten.

Nach Ansicht der Arkturianer markieren die Tagundnachtgleichen und die Sonnenwenden energetische Schnittpunkte zwischen geistigen Dimensionen, die das irdische Geschehen beeinflussen.

Aus diesem Grund sind diese Daten günstig, um mit höheren Ebenen in Kontakt zu treten und Einblicke in außerphysikalische Realitäten und zukünftige Ereignisse zu erhalten.

Die legendären Vorhersagen des Arkturianischen Orakels beruhen auf der akribischen Beobachtung all dieser Himmelsereignisse und Marker sowie ihrer Zyklen, Übersetzungen und Synchronizitäten.

Ausgestattet mit dem Wissen der Vorfahren über die Symbolik jedes Sterns und jedes kosmischen Phänomens weben die arkturianischen Seher komplizierte Interpretationen, die in umfassenden Vatikanisierungen die Bewegung des großen kosmischen Rades, das die Geschicke des Universums lenkt, zusammenfassen.

Trotz des deterministischen Tons betonen die Arkturianer jedoch, dass astrologische Vorhersagen Elemente der Unvorhersehbarkeit enthalten, da der freie Wille der Wesen eine Variable ist, die in keiner Weissagung vollständig abgebildet werden kann, da das Universum einem komplexen multidimensionalen Netzwerk unendlicher Möglichkeiten ähnelt. An jedem Kreuzungspunkt dieses Netzes gibt es zukünftige Verzweigungen, in denen alle Möglichkeiten in einem Zustand der Quantensuperposition enthalten sind.

Auf diese Weise bleiben alle Möglichkeiten parallel als embryonale Zukünfte bestehen, bis sich eine bestimmte Potenzialität auf einer bestimmten Dimensionsebene durch bewusste Willensakte materialisiert.

Die arkturianischen Seher betonen, dass der Akt der Vorhersage einer bestimmten Zeitlinie die gleichzeitige Existenz der anderen nicht außer Kraft setzt oder eliminiert. Man geht vielmehr von fraktalen Mustern aus, die in den Bewegungen des Kosmos wahrgenommen werden, um die Sequenzen zu bestimmen, die sich am wahrscheinlichsten manifestieren werden. Aus diesem Grund haben sich im Laufe ihrer Sternengeschichte einige der astrologischen Prophezeiungen der Arkturianer nicht genau wie vorhergesagt erfüllt. Nicht weil ihre Vorhersagefähigkeiten begrenzt waren, sondern weil sie ihren freien Willen nutzten, um neue Realitäten zu schaffen.

Doch angesichts der multidimensionalen Weisheit der Arkturianer finden selbst diese scheinbaren Ungenauigkeiten in hermeneutischen Bedeutungsspiralen Interpretationen und Neuinterpretationen, auf der ewigen Suche nach der endgültigen Erklärung im Orakel.

Ein Beispiel für eine unerfüllte Prophezeiung, die neue Interpretationen erfährt, ist die berühmte Vorhersage, dass der Planet Nibiru oder Planet X Ende des 20. Jahrhunderts mit der Erde kollidieren und eine schwere planetarische Katastrophe verursachen würde. Dieser Zusammenstoß hat natürlich nie stattgefunden, was zu Unglauben und Skepsis gegenüber den astrologischen Fähigkeiten der Arkturianer geführt hat. Sie bekräftigen jedoch, dass ein solches Potenzial tatsächlich vorhanden war, dass aber das kollektive

Bewusstsein der Menschheit genug angehoben wurde, um eine alternative Zeitlinie zu manifestieren.

Die Arkturianer argumentieren, dass die Prophezeiung selbst positive energetische Bewegungen auslöste, die Millionen von Seelen zu Gebeten, Meditationen und liebevollen Emanationen veranlassten, die Nibirus Flugbahn von der Erde weg subtil Verändert hätten. Da sich die arkturianische Astrologie mit interdimensionaler Astronomie und extraphysikalischen Frequenzen befasst, ist es schwierig, solche Messwerte vollständig zu beweisen oder zu widerlegen. Unabhängig davon handelt es sich jedoch um alternative Visionen, die zur Bewusstseinserweiterung und zum kritischen Denken anregen.

Einige der angesehensten arkturianischen Seher der Vergangenheit waren Izno, Akensio, Thyoria und Vhozanus. Jeder von ihnen schuf monumentale Werke mit astrologischen Analysen und Prophezeiungen, die bis heute als Referenzen im arkturianischen mystischen Universum nachhallen.

Izno zum Beispiel lebte auf dem Höhepunkt der atlantischen Zivilisation auf der Erde. Er verfasste geografische und soziologische Beschreibungen des verlorenen Kontinents, die sich im Laufe der Zeit und durch die Entdeckung archäologischer Überreste Tausende von Jahren später als erstaunlich genau erwiesen.

Akensio gilt als einer der philosophischen Mentoren der Herrscher, die das alte Ägypten 30 Dynastien lang regierten. Es heißt, dass er die Pharaonen mit Hilfe seiner Visionen von himmlischen

Zeichen wie der Überschwemmung des Nils beriet, wenn es darum ging, günstige Zeitpunkte für Pflanzung, Ernte, Schifffahrt und Bauvorhaben zu bestimmen.

Der Seher Thyoria lebte in der Maya-Zivilisation und schuf eine der detailliertesten Kartierungen der Astrologie der Venus, einschließlich Beschreibungen von Kas-Vhuun, dem legendären zweiten Mond dieses Planeten, der in der Antike zerstört wurde, aber für arkturianische Augen noch sichtbar ist.

Der Astrologe Vhozanus hingegen gilt als das direkteste lebende Portal zum Bewusstsein von Osiris, der ägyptischen Gottheit, die als Manifestation des Sonnenlogos gilt. Es war Vhozanus, der das Geheimnis der Kammer der Ausrichtung im Inneren der Sphinx lüftete, indem er Informationen über die interdimensionale Struktur des Monuments und seine Funktionsweise direkt vom Geist des Osiris übermittelte. Bei der Kammer handelt es sich um eine Art Portal, das, wenn es zu bestimmten astronomischen Zeiten aktiviert wird, kosmische Energien verstärkt, die das Bewusstsein erweitern und den Eingeweihten, die darin meditieren, die Geheimnisse des Universums offenbaren können.

Das Ausmaß dieser Offenbarungen hängt jedoch von der Schwingungsreinheit und der harmonischen Synchronisation des menschlichen Geistes mit den kosmischen Frequenzen ab, die von der Ausrichtungskammer im Inneren der Sphinx empfangen werden. Daher geht die arkturianische Astrologie weit über die einfache Vorhersage des Schicksals hinaus. Sie arbeitet mit der Manipulation subtiler energetischer

Kräfte, die, wenn sie richtig entschlüsselt und harmonisch integriert werden, sowohl das scharfe Urteilsvermögen über die Zukunft als auch das Bewusstseinsniveau derer, die sie anwenden, erhöhen.

Und das ist das wahre Ziel des mystischen Arkturianischen Orakels: die Bereitstellung von Sensibilisierungswerkzeugen, die in der Lage sind, die menschliche Wahrnehmung auf die außerphysikalischen Dimensionen abzustimmen, die die unter dem illusorischen Schleier der bekannten holographischen Realität verborgene Handlung ausmachen.

Nur wenn die Menschheit ihre angeborene Telepathie mit den Rhythmen des Kosmos wiedererweckt, wird sie in der Lage sein, bewusst am Weben der Fäden ihrer historischen Reise teilzunehmen und die Szenarien, für die sie sich entscheidet, durch empathische Harmonisierung und nicht mehr durch ablenkende Dissonanz zu manifestieren.

Je mehr Menschen dieses ganzheitliche Bewusstsein erwecken und das Wissen des Arkturianischen Orakels anwenden, desto schneller wird die Erde die Schwingungssynchronität erreichen, die notwendig ist, um in das astrologische Goldene Zeitalter aufzusteigen, das schon vor so langer Zeit in den stellaren Akasha-Aufzeichnungen vorhergesagt wurde, so die arkturianischen Seher. Und die wichtigste Zutat zur Beschleunigung dieser planetarischen Reise in Richtung der solaren Stufe, dem nächsten Evolutionsschritt für jede irdische Zivilisation, ist die absichtliche Aussendung von Liebesschwingungen durch je mehr menschliche Herzen, desto besser, denn die Liebe stimmt sich automatisch auf die hohen Frequenzen der aufsteigenden Dimensionen ein.

Während also die größeren Zyklen des Kosmos ihren unaufhörlichen Fluss fortsetzen und die stellaren Epochen orchestrieren, hält die Menschheit in ihren Händen und Herzen die Macht, das Schicksal zu schreiben, das sie beschließt, in völliger Übereinstimmung mit ihren erhabensten spirituellen Potenzialen anzunehmen.

Und der erste Schritt auf dieser Reise des Erwachens ist zweifellos der Versuch, das christliche, universelle und zeitlose Wissen zu verinnerlichen, das zwischen den Zeilen des Arkturianischen Orakels enthalten ist, ein wahres multidimensionales Portal zu den Mysterien des Universums in seinen unendlichen holographischen Manifestationen durch Zeit und Raum.

Kapitel 6
Die Gabe Des Hellsehens

Unter den bemerkenswerten außersinnlichen Fähigkeiten, die der arkturianische Geist in seiner ständigen Bewusstseinserweiterung entwickelt hat, ist eine der beeindruckendsten die Beherrschung der Hellsichtigkeit, die Fähigkeit, weit entfernte Ereignisse in Zeit und Raum mit einem beeindruckenden Detailgrad zu sehen.

Durch die Hellsichtigkeit sind arkturianische Seher in der Lage, Szenen aus der Vergangenheit und der Zukunft genau zu erkennen und wertvolle Einblicke in die Ursachen und Folgen von Ereignissen zu gewinnen, die im Quantenozean der Möglichkeiten noch im Entstehen sind. Denn nach der arkturianischen Kosmologie existieren Vergangenheit, Gegenwart und Zukunft gleichzeitig als probabilistische Felder im Gewebe der Raumzeit. Wenn der Hellseher sein Bewusstsein über die scheinbaren Barrieren zwischen diesen Feldern hinaus ausdehnt, kann er daher Einblicke in die zugrunde liegenden Realitäten erhalten.

Diese Zukunftsvisionen sind jedoch nicht auf Ereignisse auf dieser irdischen materiellen Ebene beschränkt. Sie reichen von Ereignissen in anderen

Welten und parallelen Dimensionen bis hin zu himmlischen Phänomenen wie der Geburt oder dem Zusammenbruch entfernter Sterne und Galaxien. Das liegt daran, dass die arkturianische Kosmologie mit einem fraktalen und holophonen Konzept multidimensionaler Paralleluniversen arbeitet, die sich gegenseitig spiegeln und durch synchrone Achsen, die von der modernen irdischen Physik nicht erfasst werden können, miterschaffen. Indem sie ihre Bewusstseinsfelder über das gewöhnliche elektromagnetische Spektrum hinaus ausdehnen, stimmen sich arkturianische Hellseher auf diese transdimensionalen Achsen ein und erhalten so nicht-lokale raum-zeitliche Einblicke in die Vergangenheit und Zukunft sowohl der intra- als auch der extraphysikalischen Realitäten. Der Prozess intensiviert sich exponentiell, wenn diese Visionen während orakelhafter Konsultationen an energetisierten Orten wie dem Tempel von G'rhynzul oder in der Nähe der arkturianischen Wirbel, die über die zwölf Welten verteilt sind, die den Stern Arkturus umkreisen, erhalten werden.

Die arkturianischen Wirbel sind halbkristalline Gesteinsformationen, die verstärkte telepathische Frequenzen ausstrahlen, welche die latenten Fähigkeiten der sensiblen Besucher verstärken. Sie funktionieren wie ein interdimensionales Portal.

Indem sie sich diesen Wirbeln nähern oder ihre geistige Aufmerksamkeit während orakelhafter Rituale auf sie richten, erhalten arkturianische Hellseher Zugang zu dem, was man als "imaginäres Radiotheater" der

Vergangenheit und Zukunft auf mehrdimensionalen Ebenen jenseits des bekannten Spektrums beschreiben kann. Die eingefangenen Eindrücke werden als komplexe und dynamische Szenen dargestellt, die im Lichte der umfassenden Kenntnisse der arkturianischen Hellseher über die symbolischen Sprachen des lokalen kollektiven Unbewussten und die alchemistischen Muster der konstituierenden Elemente des manifestierten Universums akribisch interpretiert werden.

Einer der angesehensten Meister des arkturianischen Hellsehens war der bereits erwähnte Seher Vhozanus, ein Spezialist für das direkte psychografische Channeln von Wesenheiten aus dem außerirdischen Pantheon wie Osiris und Chmu-Ra, der wertvolle esoterische Offenbarungen und Warnungen vor kritischen Ereignissen erlangte.

Es heißt, dass Vhozanus während einer seiner Orakelsitzungen im Großen Arkturianischen Wirbel auf dem Soorthyn-Satelliten eine außergewöhnliche hellseherische Vision von der Bombardierung und Zerstörung einer großen Hafenstadt auf der Erde hatte, die mehr als hundert Jahre später stattfinden sollte. Dank der präzisen Beschreibung der seltsamen Fluggeräte und der von den Angreifern verwendeten Sprengstoffwaffen konnten arkturianische Historiker dies später als die Bombardierung von Guernica identifizieren, die 1937 während des spanischen Bürgerkriegs stattfand.

Dies ist nur einer von zahllosen historischen Fällen, in denen die beeindruckenden hellseherischen Fähigkeiten der arkturianischen Seher es ermöglichten, die schicksalhaften Details von Tragödien oder Katastrophen vorherzusehen und später zu erhellen, noch bevor die offensichtlichen Ursachen der Ereignisse in der Gegenwart entstanden waren.

Ein weiterer Bereich, in dem sich die Hellsichtigkeit der Arkturianer oft auszeichnet, ist die Verhinderung von klimatischen oder seismischen Katastrophen großen Ausmaßes auf bewohnten Welten.

Dank ihrer Mitgliedschaft im Großen Galaktischen Rat tauschen die Arkturianer regelmäßig hellseherische Projektionen ihrer Psyche mit anderen Hochkulturen aus. Darüber hinaus erhalten sie aus erster Hand Zugang zu Technologien zur Dimensionsverschiebung, zur Abschirmung der Gravitation und zur Klimakontrolle, die in der Lage sind, die vorhergesagten Auswirkungen von Naturkatastrophen zu mildern oder zu neutralisieren.

Die arkturianischen Meister warnen jedoch, dass man, so beeindruckend solche Darbietungen scheinbar übernatürlicher Allwissenheit auch erscheinen mögen, angesichts der Entwürfe des Mysteriums nicht die Demut verlieren darf, denn letztlich spiegelt und bricht alles Wissen nur infinitesimale Blöcke der Weisheit, die von der Universellen Schöpferquelle ausgeht, und es bleibt immer viel mehr Unbekanntes als das Wenige, das entschlüsselt ist. Darüber hinaus betonen die Hierophanten, die Hüter der Lehren der Vorfahren, dass keine Hellsichtigkeit künftige Entwicklungen mit absoluter Sicherheit vorhersagen kann, was auf den allgegenwärtigen Faktor des individuellen und kollektiven freien Willens zurückzuführen ist, der als die katalytische Variable der Optionen des Schicksals gilt. Dies bedeutet, wie bereits in früheren Abschnitten dieses orakelhaften Kompendiums erörtert, dass alle so genannten "Prophezeiungen" von ihren Empfängern als bloße Projektionen von Wahrscheinlichkeiten und nicht als vollendete Tatsachen betrachtet werden müssen.

Die Seher können mit einem hohen Maß an Genauigkeit angeben, welche Ergebnisse wahrscheinlich eintreten werden, wenn sich bestimmte Verhaltensweisen oder kollektive Entscheidungen in einer bestimmten sozialen Gruppe zu einem bestimmten Zeitpunkt in der linearen Raumzeit durchsetzen. Sie betonen jedoch, dass kein zukünftiges Ergebnis als unausweichlich bestimmt angesehen werden kann, da jederzeit eine plötzliche Änderung in der Ausrichtung des freien Gruppenwillens neue Kausalitäten auslösen kann, die eine Zeitlinie erzeugen, die der von den Hellsehern vorhergesagten diametral entgegengesetzt ist.

Und je näher die Vorhersage an den potenziellen Schnittpunkten der alternativen Schicksalslinien der Gruppe liegt, desto unwahrscheinlicher ist es, dass drastische Umkehrungen durch die ätzende Kraft kollektiver Entscheidungen bewirkt werden. Aus diesen Gründen sollten hellseherische Vorhersagen, so genau sie auch klingen mögen, niemals wörtlich als absolute oder unveränderliche Wahrheiten genommen werden. Sie zeigen lediglich Tendenzen auf, die auf Wahrscheinlichkeitsberechnungen beruhen. Es liegt an den Empfängern, mit Verstand und Unterscheidungsvermögen zu interpretieren, inwieweit bestimmte Vorhersagen auf ihre eigene Realität zutreffen und welche Einstellungen sie einnehmen können, um positivere oder konstruktivere Versionen eines von den arkturianischen Sehern vorhergesagten widrigen Ereignisses zu manifestieren.

Kurz gesagt, das Hellsehen erlaubt uns einen Blick auf mögliche Realitäten in den fließenden potentiellen Feldern der Zeit, deren tatsächliche Manifestation immer von den Aktionen, Reaktionen und Interaktionen des individuellen und kollektiven Willens abhängt, die in jedem Augenblick den großen Teppich der Existenz weben. In diesem Sinne ist es heuristisch nützlich, sich den gesamten arkturianischen Orakelprozess als ein ausgeklügeltes System zur Erstellung von "energo-probabilistischen Diagnosen" und "therapeutischen Rezepten" vorzustellen, die sowohl auf Selbsterkenntnis als auch auf präventive Selbstheilung ausgerichtet sind.

Durch die Auswertung einer signifikanten Stichprobe solcher "hellsichtigen Untersuchungen" der Zukunft können die Empfänger erkennen, welche persönlichen oder kollektiven Verhaltensweisen welche prognostizierten Trends hervorrufen. Auf diese Weise können sie bewusster entscheiden, ob sie auf Wegen verharren wollen, deren unerwünschte Folgen vorhergesagt wurden, oder ob sie es vorziehen, Gewohnheiten und Einstellungen bewusst zu ändern, um positivere Materialisierungen anzuziehen.

Wenn man das arkturianische Orakel richtig versteht und einbezieht, besteht der eigentliche Zweck des Orakels nicht darin, den freien Willen zu behindern, indem es versucht, eine kristallisierte Zukunft vorherzubestimmen. Seine teleologische Funktion ist genau das Gegenteil: die Empfänger zu größerer Klarheit und einem Gefühl der persönlichen Macht anzuregen und sie zu ermutigen, ihr Schicksal selbst in die Hand zu nehmen, indem sie proaktiv Gedanken, Worte und Haltungen wählen, die den höchsten Potenzialen entsprechen, die in ihrer Seele schlummern. Wenn diese Haltung der bewussten Selbststeuerung verinnerlicht ist, wird jeder Mensch in der Lage sein, die in den orakelhaften Diagnosen vorhergesagten existenziellen Stürme viel gelassener zu bewältigen und sie in evolutionäre Chancen umzuwandeln. Die Hüter der Ahnenlehre warnen jedoch, dass dieser Prozess eine große Portion Selbstmut, Selbstdisziplin und Entschlossenheit erfordert, um nicht von den angekündigten Widrigkeiten überwältigt oder vom Beifall des Glücks überreizt zu werden. Denn sobald das Ego die Lorbeeren für Erreichtes einheimst oder sich angesichts des Schicksals in Opferhaltung begibt, wird die Kraft des freien Willens geschwächt, was die Wahrscheinlichkeit gefährlich erhöht, dass Berater zu blinden Automaten werden, die einem vorgegebenen Drehbuch folgen, über das sie keine Kontrolle mehr haben.

Dies ist eine der größten Gefahren, vor denen man sich in Acht nehmen muss, wenn man die arkturianischen Orakelfähigkeiten unbedacht oder übereilt einsetzt, ohne eine angemessene Überwachung durch erfahrene Hierophanten.

Es obliegt auch dem legitimierten Mysteriorum (Hüter der Mysterien), den Zugang emotional unausgeglichener oder moralisch verzerrter Menschen zu den Geheimnissen des Orakels zu unterbinden, um zu verhindern, dass sie ihren Mitmenschen durch Unwissenheit, Bösgläubigkeit oder übersteigerten Ehrgeiz mehr Schaden als Nutzen zufügen. Nur die Kandidaten, deren Reinheit der Absichten und psycho-spirituelle Ausgeglichenheit durch die Einweihungsprüfungen bescheinigt werden, dürfen den Tempel von G'rhynzull verlassen und tragen die ätzenden Schlüssel zur zukünftigen Selbsterkenntnis mit sich, die in den klaren Wassern des orakelhaften Hellsehens offenbart werden.

Im Grunde genommen ist die Gabe des Hellsehens, wenn sie richtig eingesetzt wird, ein wahrhaft belebender Balsam und ein evolutionärer Schub, niemals eine vorzeitige Verurteilung für die Verdammten oder eine Garantie für ewige Belohnung für die Auserwählten.

Aus arkturianischer Sicht verbirgt sich selbst hinter den scheinbar apokalyptischen Zukunftsvisionen eine unterschwellige Botschaft, die zu einem positiven Wandel zugunsten des Allgemeinwohls ermutigt. Es liegt daher an den Sehern, sie mit Gleichmut zu interpretieren und sie hochmütig weiterzugeben, ohne übermäßig alarmistisch zu sein, denn die orakelhafte Wahrheit ist ein Weg der Unterscheidung und des Mitgefühls, nicht der Angst oder der Manipulation. Durch das Verständnis der fraktalen Natur der Zeit und der komplexen Wechselwirkungen zwischen freiem

Willen und wahrscheinlichen Schicksalen werden die arkturianischen Seher zu Hütern des Bewusstseins und nicht nur zu Vorhersagern der Zukunft.

Das Phänomen des Hellsehens, das so eng mit der Bewusstseinserweiterung der Arkturianer verbunden ist, bietet nicht nur einen tiefgreifenden Einblick in das Gefüge von Raum und Zeit, sondern wird auch zu einer Einladung zur Selbstreflexion und Selbsttransformation. Indem sie latente Möglichkeiten aufzeigen, laden Hellseher die Empfänger ein, weise zu handeln und bewusst die Wege zu wählen, die sie gehen wollen.

Das Zusammenspiel von Hellsichtigkeit und den arkturianischen Wahrsagewerkzeugen offenbart ein kompliziertes System kosmischen Verständnisses, in dem die Ereignisse der Vergangenheit und der Zukunft wie Teile eines Puzzles sind, die durch energetische Fäden miteinander verbunden sind, die die Arkturianer mit ihrer scharfen Wahrnehmung erkennen können.

Die Geschichte von Vhozanus und seinen detaillierten Visionen der Bombardierung von Guernica verdeutlicht nicht nur die Präzision der hellseherischen Fähigkeiten der Arkturianer, sondern auch die Verantwortung, die mit diesen Gaben verbunden ist. Die Fähigkeit, hinter den Schleier der Zeit zu blicken, erfordert Unterscheidungsvermögen und vor allem Mitgefühl angesichts der Wechselfälle des Schicksals.

Wenn es um die Verhinderung von Klima- und Erdbebenkatastrophen geht, zeichnen sich die Arkturianer nicht nur als Beobachter, sondern als aktive Teilnehmer am Großen Galaktischen Rat aus. Das Teilen von hellsichtigen Projektionen und fortschrittlichen Technologien ist nicht nur eine Machtdemonstration, sondern ein Engagement für das kollektive Wohlergehen und die Erhaltung der bewohnten Welten. Die Betonung der Demut gegenüber dem Mysterium und das Verständnis des freien Willens als katalytische Variable unterstreichen jedoch die Weisheit der arkturianischen Hierophanten. Kein noch so fortschrittliches Wissen kann die individuelle und kollektive Reise der Wahl und des Lernens ersetzen. Die Zukunft bleibt fließend und wird durch die bewussten Entscheidungen eines jeden empfindungsfähigen Wesens geformt.

Die arkturianische Vision des Hellsehens als ein System von "energo-probabilistischen Diagnosen" und "therapeutischen Rezepten" unterstreicht den präventiven und selbstheilenden Ansatz dieser Gabe. Hellsichtige Visionen sind kein unausweichliches Schicksal, sondern bieten Gelegenheiten zur Selbstreflexion und zum bewussten Handeln, wodurch die Empfänger in die Lage versetzt werden, positivere Realitäten mitzugestalten.

Die Warnung vor einem unkontrollierten Ego und die Bedeutung der Aufrechterhaltung des psycho-spirituellen Gleichgewichts unterstreichen die Verantwortung, die mit der Ausübung des Hellsehens verbunden ist. Bei der Übermittlung ihrer Visionen handeln die arkturianischen Seher als Vermittler von Selbsterkenntnis und Evolution, nicht als Inhaber unanfechtbarer Wahrheiten.

Kapitel 7
Prophetische Träume Entschlüsseln

Unter den multidimensionalen außersinnlichen Fähigkeiten, die die Hierophanten des arkturianischen Orakels auf ihren Reisen durch die Spiralen des kosmischen Bewusstseins kultivieren, nimmt der Bereich der prophetischen Träume einen erhabenen Platz ein.

Dank dieses oneirischen Talents sind die eingeweihten Hüter der arkturianischen Mysterien in der Lage, in ihren tiefschlafähnlichen Zuständen symbolische Einblicke in Ereignisse zu erhalten, die im Quantenozean der Potentialitäten von morgen noch im Werden begriffen sind. Das liegt daran, dass in der arkturianischen Kosmologie Träume und Realität zu demselben multidimensionalen Kontinuum gehören, das über extraphysikalische Netzwerke miteinander kommuniziert, die von der irdischen materialistischen Wissenschaft nicht erfasst werden können.

Indem sie in diese ruhenden hyperdimensionalen Schichten eintauchen, erfassen die oneirischen Seher des Orakels archetypische Synthesebilder über die wahrscheinliche Entfaltung von Tatsachen, die sich in der konsensuellen Zeitlinie der dreidimensionalen Gegenwart noch nicht manifestiert haben.

Im Gegensatz zur relativen Undurchsichtigkeit gewöhnlicher Träume präsentieren sich diese Vorahnungen den Sehern nach dem Aufwachen mit einem beeindruckenden Maß an Klarheit, Beständigkeit und innerer Kohärenz.

Dieses Phänomen deutet darauf hin, dass diese Träume zu strukturierten transzendentalen Ebenen gehören und nicht zu dem zufälligen Fluss gewöhnlicher oneirischer Bildersprache. Ihre symbolischen Bilder vermitteln strukturierte Informationen über die Zukunft.

Ihre Deutung erfordert eine solide Vertrautheit mit dem archetypischen Vokabular des kollektiven Unbewussten und seinen analogen Beziehungen zu den konkreten Ereignissen der historischen Ebene, auf die sie sich beziehen.

In prämonitorischen Träumen können universelle Symbole wie der Uroboros bis hin zu idiosynkratischen Elementen aus der persönlichen Vorstellungskraft des Träumers verwendet werden, um ihre allegorischen Erzählungen über wahrscheinliche zukünftige Entwicklungen in einer bestimmten Zeitlinie der Gruppe zusammenzustellen.

Eine berühmte Episode in den Annalen des arkturianischen Onirokritizismus war die Serie von prophetischen Träumen des bereits erwähnten Sehers Vhozanus über das tragische Ende großer irdischer Weltführer wie Abraham Lincoln, Charles I. von England und Prinzessin Diana.

Im Falle der letzteren träumte Vhozanus wiederholt von einem Diamanten, der bei einem heftigen Zusammenstoß zerstört wurde. Als die arkturianischen Historiker Jahre später aus der Ferne die Nachricht von Dianas tragischem Tod bei einem Autounfall erhielten, erkannten sie das Ereignis als eines, dessen Symbolik zuvor in Vhozanus' Träumen vorausgesehen worden war.

Dies ist nur einer von zahllosen Berichten in den arkturianischen Annalen, die den beeindruckenden Grad der Genauigkeit der oniromantischen Künste bei der Vorhersage oder Erklärung traumatischer Ereignisse zeigen, noch bevor die offensichtlichen Ursachen solcher Ereignisse auf der psychischen Ebene konfiguriert sind.

Um das Auftreten und die Deutungsqualität von prämonitorischen Träumen zu maximieren, unterziehen sich die Eingeweihten des arkturianischen Mysteriorums (Hüter der Mysterien) oft strengen Meditations-, Fasten- und anderen vorbereitenden psycho-spirituellen Praktiken, bevor sie in einen intensiveren Zustand des prophetischen Schlafs eintreten.

Insbesondere schlafen sie in der Regel in der Nähe von energetischen Stätten wie den über die zwölf Welten verteilten Orakelwirbeln oder dem großen Tempel von Gh'Rynzul an den Tagen der Tagundnachtgleichen, der Sonnenwenden und der Finsternisse, um die Wahrscheinlichkeit zu erhöhen, während dieser Phasen der Dimensionsüberschneidung beeindruckende symbolische Visionen zu empfangen.

Nach dem Erwachen aus einem solchen orakelhaften Schlaf zeichnen die Seher alle Traumbilder und Erzählungen, die sie erleben, akribisch auf, um sie später gemeinsam im Lichte der verschiedenen hermeneutischen Codes in den geheimen Handbüchern des Ordens zu entschlüsseln.

Diese methodische Strenge ist angesichts der grundlegend mehrdeutigen und polysemischen Natur der oneirischen Symbolsprachen notwendig. Ein und dasselbe Bild kann in verschiedenen Kontexten oder Deutungsebenen völlig unterschiedliche Ereignisse und Bedeutungen widerspiegeln.

Aus diesem Grund achten erfahrene Exegeten darauf, ihre Erkenntnisse über eine bestimmte Traumkonstellation nie vorschnell auf ein einziges mögliches semantisches Feld zu beschränken. Im Gegenteil, bevor sie sich an irgendwelche Schlussfolgerungen wagen, bemühen sie sich, die gesamte Bandbreite der Bedeutungen, die eine bestimmte Traumkonstellation in sich birgt, im Lichte ihrer ontognostischen archetypischen Enzyklopädie zu erkunden und in Beziehung zu setzen. Erst nachdem alle vernünftigen Möglichkeiten der Exegese ausgeschöpft sind, wagen es die im Gh'Rynzull-Tempel versammelten hierophantischen Räte, und selbst dann nur sparsam, den Beratern wahrscheinliche Botschaften vorzuschlagen, die in ihren zur orakelhaften Auswertung vorgelegten Träumen enthalten sind.

Selbst in diesen Fällen betonen sie jedoch stets, dass jede noch so plausible Deutung eine fehlbare Vermutung und kein unanfechtbares Dogma bleibt.

Denn zwischen der Unklarheit der Symbole und der Klarheit der Tatsachen gibt es den ewigen X-Faktor der verborgenen Variablen.

In der Tat entgeht dem hermeneutischen Netz immer etwas, ganz gleich, wie ausführlich und umfassend die Überlegungen zu einer bestimmten Traummenge auch sein mögen. Die Gesamtheit ist nicht fassbar, das Geheimnis bleibt. Aus diesem Grund bekennen sich die wahrhaft Weisen niemals zur Gewissheit über die Kunst der Traumdeutung. In Demut erkennen sie die Grenzen des Intellekts angesichts der abgrundtiefen Tiefen des Geistes. Der wichtigste Bote der Träume ist das Geheimnis, das sie umgibt.

Dennoch ist es unbestreitbar, dass den arkturianischen Legenden und Chroniken zahllose gut dokumentierte Berichte über Träume entnommen wurden, deren symbolische Bilder sich später mit beeindruckender Treue als Vorboten oder Erklärer von Ereignissen in der historischen Welt manifestierten.

Die Wahrscheinlichkeit, dass es sich bei diesen häufig wiederkehrenden Synchronizitäten um banale Zufälle handelt, tendiert angesichts der zahlreichen Fälle, die durch zuverlässige Quellen in den Annalen des Ordens bestätigt wurden, schnell gegen Null.

Es gibt zweifellos reale, wenn auch transzendente Phänomene hinter diesen mysteriösen, außersinnlichen Brücken zwischen den Dimensionsebenen, die während bestimmter nicht-alltäglicher Bewusstseinszustände entstehen und dank der kritischen Sprachen der oneirischen Archetypen in der tiefen Psyche registriert werden.

Trotz dieses nachgewiesenen hohen Grades an Präkognition im Bereich der Träume warnen die weisen Arkturianer jedoch, dass es ebenso falsch ist, sie mit demselben deterministischen Inhalt zu betrachten, den viele den anderen divinatorischen Künsten des Orakels zuschreiben.

Selbst im Falle prophetischer Träume gilt das holophilosophische Prinzip der Arkturianer: Jede Zukunft bleibt offen, abhängig von den probabilistischen Wechselwirkungen zwischen den Vektoren des Glücks und den dynamischen Variablen des freien Willens, die den großen Raum-Zeit-Teppich weben.

Kein Ereignis, das in den oneirischen Symbolschichten zu erkennen ist, sollte als unumstößliches fait accompli betrachtet werden, sondern lediglich als eine Tendenz im Entwurf, deren Verwirklichung von der komplexen Dialektik zwischen Zufall und Wahl im Fluss des Werdens abhängt.

Anstatt sich also in die Rolle des souveränen messianischen Propheten zu begeben, ist es klüger, die Vorzeichen der Träume als Einladung zur Selbstbeobachtung und zur selbstkritischen Überprüfung zu verstehen, welche menschlichen Werte und Handlungen die Szenarien hervorbringen, die in der individuellen und kollektiven Zukunft für möglich gehalten werden.

Das Leben durch dieses proaktive Prisma zu betrachten, bedeutet, die Zügel des eigenen Schicksals in die Hand zu nehmen, anstatt sich ihm wie ein ohnmächtiger Automat zu beugen; der Protagonist zu sein, nicht ein Partner, der an das Drehbuch eines anderen, vorbestimmten Plots gebunden ist.

Kurz gesagt, wie in allen anderen arkturianischen Orakeln besteht der Zweck der omniromantischen Kunst nicht darin, die Geister einzusperren, sondern sie zu befreien; den Geist nicht zu versklaven, sondern ihn zu emanzipieren, damit er sich in die Lüfte erheben kann, die ihm gehören.

Denn schließlich zielt jedes legitime Wissen darauf ab, die Wahrheit zu erwecken, und jede voll gelebte Wahrheit bedeutet Freude am Dasein. Dies ist die Teleologie, die die orakelhaften Bemühungen der Arkturianer seit jeher ontognoseologisch belebt.

Kapitel 8
Der Fluss Des Universums

Wie bereits erwähnt, ist eine der berüchtigtsten Fähigkeiten talentierter arkturianischer Seher das präkognitive Hellsehen, die einzigartige Fähigkeit, mit erstaunlicher Häufigkeit Ereignisse vorherzusehen, die noch im Halbschatten zukünftiger Zeithorizonte liegen.

Um die unvergleichliche Natur dieser geistigen Fähigkeit richtig zu verstehen, sollten wir uns zunächst einige grundlegende Prinzipien in Erinnerung rufen, die bereits über die tiefe Funktionsweise der manifesten Realität nach der arkturianischen Weltsicht dargelegt wurden.

Nach dieser Sichtweise ist das physische Universum, das wir bewohnen, nur ein dichter und schmaler Ausschnitt aus dem Gesamtspektrum des Seins, eine Ebene, die sich aus unzähligen latenten Wahrscheinlichkeiten herauskristallisiert, die sich in den darunter liegenden immateriellen Bereichen in einem fortwährenden Zustand des Werdens verflechten.

In diesen unaussprechlichen Bereichen, in denen Zeit und Raum ihre konventionelle Natur verschmelzen, sind zukünftige Ereignisse unserer Welt bereits als miteinander verbundene, noch nicht fixierte Potenziale vorkonfiguriert und warten auf den lebensspendenden Atem des beobachtenden Bewusstseins, der ihnen relatives ontologisches Gewicht für die letztendliche Bestimmung und anschließende Niederschlagung in die gemeinsame dreidimensionale konsensuelle Realität verleiht.

Durch mühsames Training sind die sensiblen Geister der Arkturianer in der Lage, ihren Aufmerksamkeitsfokus in diese präkausalen Regionen zu projizieren. Dort können sie für die kürzesten Momente direkte Einblicke in die Zukunft in einem potenziellen Zustand erhalten und Zeuge einer Vielzahl von parallelen Wahrscheinlichkeiten werden, die in verschiedene Richtungen abzweigen.

Obwohl solche Visionen flüchtig sind, bieten sie unvergleichliche Einblicke in kritische Knotenpunkte von Ereignissen, deren kausale Zusammenhänge entlang manifester Zeitlinien noch zu definieren sind. Die auf diese Weise gewonnenen Informationen können dann mit Simulationen verglichen werden, die wahrscheinliche Zukunftspfade numerisch analysieren.

So unglaublich es Skeptikern auch erscheinen mag, es gibt zahllose gut dokumentierte Fälle, in denen arkturianische Seher Jahrzehnte oder sogar Jahrhunderte im Voraus Ereignisse vorhersagten, die später in der offiziellen Geschichtsschreibung zahlloser Völker in der gesamten Galaxis festgehalten wurden.

Eine besonders berühmte Episode ist einfach als "Der Fall der Zwillingstürme" bekannt. Darin sollen Boten des Hohen Rates der Arkturianer die örtlichen Behörden erfolglos vor dem Einsturz zweier majestätischer Wolkenkratzer nach einem Terroranschlag mit entführten Luftschiffen gewarnt haben.

Leider wurden diese Warnungen nicht ernst genommen, was zu einer immensen Aufregung führte, als gut zwei Sonnenzyklen später die legendären Zwillingstürme nach einem tödlichen Aufprall zusammenbrachen und Tausende von Seelen in und um die Gebäude herum zum Opfer fielen und den gesamten Planeten für viele weitere Zyklen verheerender religiöser und ethnischer Konflikte ins Chaos stürzten.

Tragische Ereignisse wie diese dienen als ernüchternde Erinnerung an die schweren Schäden, die entstehen können, wenn berechtigte Warnungen aufgeklärter Geister von arroganten Autoritäten missachtet werden, die sich auf ihren Sockeln der Macht eingerichtet haben und die Realitäten um sie herum vorsätzlich ignorieren.

Trotz dieser bedauerlichen historischen Ausnahmen ist auch das genaue Gegenteil bemerkenswert: die zahllosen tragischen Ereignisse, die dank der sorgfältigen Berücksichtigung der präventiven Warnungen der arkturianischen Orakelwerkstätten im Laufe der Jahrtausende vermieden werden konnten.

Einer der zahllosen symbolträchtigen Fälle ist in den Annalen der Gilde der Interstellaren Navigatoren dokumentiert. Die Geschichte beschreibt die verzweifelte Reise der Besatzung des Sternfrachters "Bella-Trix 1551", die nach dem Austritt aus dem Hyperraum-Warp auf Kollisionskurs mit einem bisher unbekannten Meteorfeld geriet und im Begriff war, mit ihrer gesamten wertvollen Fracht und Hunderten von Passagieren an Bord in kosmische Fragmente zu zerfallen. Rechtzeitig durch einen telepathischen Alarm von arkturianischen Wächtern auf dem nahe gelegenen Mond Umda III informiert, gelang es den Seeleuten gerade noch, extreme Ausweichmanöver durchzuführen und der Vernichtung knapp zu entgehen, um dann auf einem unwirtlichen Planetoiden notzulanden, bis sie die durch die Turbulenzen beschädigten Antriebs- und Lebenssysteme repariert hatten, bevor sie ihre Reise sicher fortsetzen konnten.

Hätten die arkturianischen Telekognitionstransmitter nicht vorsorglich eingegriffen, wären in dieser tragischen interstellaren Nacht Hunderte von Menschen ums Leben gekommen. Stattdessen wären sie dank des Alarms alle unversehrt nach Hause zurückgekehrt, nach einem kurzen Intervall intensiver zufälliger Abenteuer in den Weiten des gleichgültigen Kosmos, das sie nur knapp davor bewahrt hat, in der Todesstatistik der Gilde aufzutauchen.

Dies ist nur eine von zahllosen Aufzeichnungen, die ein eindeutiges und lebendiges Zeugnis dafür ablegen, wie grundlegend die Rolle ist, die spezielle Netze transzendenter Überwachung spielen, die Tag und Nacht von den unermüdlichen telepathischen Wächtern von Arcturus betrieben werden, die immer in Alarmbereitschaft sind, um Katastrophen auf fernen Welten durch die einfache altruistische Geste zu verhindern, rechtzeitig Visionen der Zukunft mit allen zu teilen, die daran interessiert sind.

In ähnlicher Weise beschreibt der berühmte "Fall Enroe XX12" eine andere Situation, in der eine ganze alternative Zeitlinie nach einem präventiven interdimensionalen Kontakt durch arkturianische Agenten drastisch verändert wurde.

Bei dieser Gelegenheit gelang es Abgesandten des Hohen Rates, eine freundschaftliche Kommunikation mit parallelen Gegenspielern herzustellen, und zwar im entscheidenden Moment, als die Führer dieser anderen Welt im Begriff waren, während einer Dringlichkeitssitzung, die einberufen worden war, um über einen möglichen totalen Vergeltungsschlag gegen eine rivalisierende Nation zu beraten, eine schicksalhafte gemeinsame Entscheidung zu treffen, die innerhalb weniger Stunden eine nukleare Konfrontation auf globaler Ebene auszulösen drohte.

Unterstützt durch beeindruckende Enthüllungen edler interdimensionaler Boten über die schrecklichen Folgen, die sich ergeben würden, wenn sie die laufenden Kriegsvorbereitungen fortsetzten, gaben die betreffenden parallelen Führer schließlich ihren kriegerischen Drang auf, eine versöhnliche Haltung einzunehmen, und kehrten mit dieser weisen Geste im entscheidenden Moment den katastrophalen Kurs ihrer gesamten Zivilisation um.

Inspiriert von diesem Fall würde der Hohe Psychotronische Rat der Arkturianer bald spezielle Protokolle für den Umgang mit Situationen wie dieser aufstellen, in denen minimale Änderungen der strategischen Einstellungen zur richtigen Zeit buchstäblich den Unterschied zwischen der globalen

Vernichtung und dem Aufblühen eines goldenen Zeitalters des Wohlstands für ganze Parallelrealitäten ausmachen können.

Unter dem Namen Chronologische Interventionseinheiten oder einfach "Chrononauten" haben hochqualifizierte Gruppen arkturianischer Orakelspezialisten seitdem routinemäßig unruhige Welten in sensiblen Quadranten des Multiversums überwacht. Ausgestattet mit unvergleichlichen Einblicken in die Wahrscheinlichkeiten wichtiger Ereignisse, sind sie in der Lage, verdeckt als "zeitliche Optimierungsagenten" zu agieren und den lokalen Führern zu helfen, die bestmöglichen Entscheidungen zu treffen, wenn sich entscheidende zivilisatorische Scheidewege auftun.

Ein besonders kritischer und umstrittener Aspekt solcher Interventionen ist die Fähigkeit, nicht nur die Ereignisse vorherzusehen, die in der ursprünglichen Zeitlinie fatal wären, sondern auch mögliche positive Alternativen zu erkennen und so die betroffenen Führer davon zu überzeugen, diese wünschenswerteren Optionen anstelle ihrer ursprünglichen kriegerischen oder katastrophalen Pläne zu verfolgen.

Glücklicherweise sind die arkturianischen Agenten, die mit solchen Missionen betraut werden, dank ihrer beeindruckenden Gabe der probabilistischen Hellsichtigkeit und der retrokognitiven Fähigkeit, jedes Ereignis noch einmal persönlich zu erleben, nachdem sie in die Akasha-Aufzeichnungen paralleler Realitäten eingetaucht sind, perfekt ausgerüstet, um solche extremen Herausforderungen meisterhaft und mitfühlend zu erfüllen.

Stets darauf bedacht, den freien Willen anderer zu respektieren, präsentieren die arkturianischen Strategen ihre positiven Alternativen lieber als einfache "Zusatzoptionen" zu den bereits vor Ort in Betracht gezogenen schlechten Wegen, als Zwangsanweisungen, selbst wenn die Folgen der Befolgung der ursprünglichen einheimischen Pläne katastrophal wären.

Allerdings tun sie dies nur, wenn sie ausdrücklich dazu ermächtigt wurden, nachdem sie jeden Fall sorgfältig dem Hohen Rat der Psychotronik vorgelegt haben, wobei sie darauf achten, dass sie ihre Vorrechte als nicht-interventionistische Beobachter der unzähligen alternativen Realitäten, die sie überwachen, nicht überschreiten.

Selbst in Grenzfällen, in denen Leben auf einem ganzen Planeten in unmittelbarer Gefahr sind, greifen sie niemals direkt ein, ohne zuvor die ausdrückliche Erlaubnis der potenziell betroffenen Bevölkerung über formelle interstellare Petitionskanäle einzuholen.

In gegenseitigem Einvernehmen werden Eliteteams für Blitzoperationen eingesetzt, bei denen orakelhafte Agenten in Krisenszenarien Minuten vor den ursprünglichen fatalen Ereignissen diskret materialisieren und dringende Warnungen und unwiderlegbare Beweise für schreckliche Entwicklungen bringen, die sich ankündigen, wenn in dem noch verfügbaren Zeitfenster keine Präventivmaßnahmen ergriffen werden.

Selbst in solchen Extremsituationen drängen sich die Arkturianer nie auf, ohne ihre Gesprächspartner zu warnen und sie umfassend über mögliche Alternativen zu informieren, und ziehen sich dann respektvoll zurück, um ihnen die freie Entscheidung zu überlassen, nachdem sie alle in der kurzen verbleibenden Zeit vor dem Point of no Return mitgeteilten Enthüllungen abgewogen haben.

Die arkturianischen Chrononauten erlauben sich lediglich, den Lauf der Dinge durch die barmherzigen Mittel der Vorsehung zu erleichtern, indem sie im richtigen Moment eine Erleuchtung erteilen, und kehren dann in aller Gelassenheit in die Unwissenheit ihrer friedlichen Welten zurück.

Und so erfüllt die legendäre Bruderschaft der Arkturianischen Chrononauten, die nicht durch spektakuläre Demonstrationen außerirdischer Macht, sondern durch die Noblesse ihrer Absichten und das tadellose Timing ihrer minimal invasiven Eingriffe angetrieben wird, weiterhin diskret ihre Mission, transdimensionale Katastrophen zu mildern, indem sie wachsam über das Wohl von Zivilisationen wacht, die sich, ohne dass sie es wissen, am Rande des Abgrunds befinden.

Sie agieren stets im Verborgenen und vermeiden jede unnötige Sichtbarkeit. Meistens werden sie nicht einmal als etwas anderes wahrgenommen als zufällige Eingebungen der Vorsehung, subtile Einflüsterungen oder prophetische Träume von Schlüsselpersonen, denen so in Momenten geholfen wird, in denen ihr Charakter als Führungspersönlichkeiten und als menschliche Wesen endgültig auf die Probe gestellt wird. Und das ist auch gut so, wie die altruistischen Söhne des Arcturus es sehen.

Kapitel 9
Das Rätsel Des Schicksals

Eines der zentralen Themen, das sich durch die Legenden um das Orakel von Arcturus zieht, ist die komplizierte Beziehung zwischen den scheinbar gegensätzlichen Begriffen von Schicksal und freiem Willen in den dort gemachten Vorhersagen.

Waren solche Visionen immer durch die unerbittliche Notwendigkeit der Sterne und der kosmischen Konfigurationen vorherbestimmt, so dass jede Vorstellung von einer autonomen Wahl oder individuellen Selbstbestimmung illusorisch war? Oder gäbe es immer noch Raum für menschliche Handlungen, Überzeugungen und Wünsche, um die Wahrscheinlichkeiten, die die mystischen arkturianischen Propheten in ihren veränderten Zuständen transzendentaler Wahrnehmung sehen, positiv zu beeinflussen und zu verändern?

Um diese offensichtliche Dichotomie zu verdeutlichen, greifen die Priester-Astrologen des renommierten Ordens der Sterndeuter von Altair IV oft auf eine einfache, aber erhellende Analogie zurück.

Sie erklären, dass ein einsamer Reisender, der an einer Straßenkreuzung ankommt, vor einer riesigen

Tafel steht, auf der die Richtungen und Ziele, die auf jeder der verfügbaren Routen erreicht werden können, mit den geschätzten Entfernungen und Fahrzeiten angegeben sind. Diese vorläufige Karte schränke in keiner Weise die Möglichkeit ein, spontan und nach persönlichen Kriterien die gewünschte Route zu wählen. Er kann aber auch nicht ungestraft die dort beschriebenen objektiven Daten verändern oder ignorieren, auf die Gefahr hin, unrealistische Pläne zu entwerfen und vermeidbare Frustrationen zu ernten.

Dies wäre analog auch der Fall bei den probabilistischen Kartographien, die in die Präkognitionen der arkturianischen Seher eingewoben sind. Ihre Visionen würden wesentliche Informationen über kosmische Trends liefern, allgemeine Panoramen aufzeigen und vor bestimmten potenziellen Risiken warnen, aber niemals das Vorrecht umgehen, über die eigene Vorgehensweise zu entscheiden, was jedem selbstbewussten Wesen innerhalb der Grenzen seiner Fähigkeiten obliegt.

Streng genommen, so argumentieren die Wissenschaftler, hat die Konsultation von Prognosen nicht nur das Potenzial, den freien Willen zu bewahren, sondern im Gegenteil das Spektrum der realisierbaren Optionen beträchtlich zu erweitern, da sie einen frühzeitigen Zugang zu privilegierten Einblicken in die wahrscheinlichen künftigen Folgen jeder in der Gegenwart erwogenen Wahl eröffnet.

Mit diesem umfassenden Wissen ist der Antragsteller dann viel besser in der Lage, realistische Pläne zu erstellen, potenzielle Probleme vorherzusehen und angemessenere und rechtzeitigere Lösungen zu entwickeln. Wenn nichts unveränderlich ist, steht uns immer eine Reihe von alternativen Zukunftsperspektiven offen, deren relative Wahrscheinlichkeiten erheblich variieren können, je nachdem, welche Handlungen, Gedanken und Absichten die Akteure mit ihrem eigenen freien Willen im Hier und Jetzt zum Ausdruck bringen.

Gewiss, einige der ins Auge gefassten Richtungen mögen unter bestimmten gegenwärtigen Bedingungen recht unwahrscheinlich erscheinen. Es gibt jedoch nur wenige Ereignisse, deren künftige Verwirklichung angesichts der unergründlichen Komplexität des manifesten Kosmos und seiner riesigen multidimensionalen Ursache-Wirkungs-Netzwerke wirklich vor jedem denkbaren Grad an äußerer Beeinflussung abgeschirmt ist.

Selbst wenn bestimmte Ereignisse schließlich so eintreten, wie sie von den Orakeln vorhergesagt wurden, und kosmische Trends widerspiegeln, die nur schwer zu umgehen sind, entkräftet dies nicht die Vorstellung, dass alternative Wege bis zu einem gewissen Grad verfügbar geblieben wären, wenn andere Entscheidungen unter anderen geistigen Einstellungen zur richtigen Zeit getroffen worden wären.

Mit anderen Worten, für die ganzheitliche arkturianische Perspektive ist die Zukunft niemals "vorherbestimmt" im extremen fatalistischen Sinne des Wortes. Stattdessen wäre sie ein probabilistisches Feld, das immer im Fluss ist, mit multiplen Möglichkeiten, die in Quantensuperposition koexistieren, von denen einige für jede spezifische Situation zweifellos wahrscheinlicher sind als andere, die aber alle bis zu einem gewissen Grad einer Rekonfiguration unterliegen.

In dieser Zwischenzeit der relativen ontologischen Ungewissheit läge genau das Zeitfenster, in dem menschliche Wünsche, Absichten und Handlungen den weiteren Verlauf der Ereignisse subtil, aber signifikant beeinflussen könnten, während sich die potenziellen Horizonte der zukünftigen Zeit allmählich entfalten und wieder im Bereich der manifesten linearen Kausalität verfestigen.

Kurzum, die Vorhersagen der Orakel sollten niemals als apriorische Sätze verstanden werden, die auf mystische Weise den Willen unterdrücken oder die Entscheidungsgewalt der betreffenden Akteure aufheben würden. Im Gegenteil, ihr Zweck ist es, die Wahrnehmung der verfügbaren Wahlmöglichkeiten zu erweitern und es ihnen zu ermöglichen, bewusster und proaktiver auf die bevorstehenden Herausforderungen zu reagieren.

Je mehr man also über die probabilistischen Verwicklungen weiß, die das Raum-Zeit-Gefüge in Richtung Zukunft durchweben, desto größer ist die Fähigkeit, gut abgestimmte Strategien zu entwickeln, die genau auf die richtigen Hebel einwirken, um bestimmte Kausalflüsse umzuleiten oder zu verstärken, je nachdem.

Mit anderen Worten: Qualifizierte Informationen über wahrscheinliche künftige Hindernisse oder Chancen wirken als emanzipatorisches Instrument, das niemals eine illusorische Vorstellung von "absolutem freiem Willen" behindert, losgelöst von den objektiven Umweltbedingungen, die es erlauben oder einschränken, welche praktischen Optionen sich in jeder Situation als realisierbar erweisen.

Etwas anderes zu denken, wäre so unvernünftig wie die Vorstellung, die Gesetze der Physik ungestraft verletzen zu können, nur weil sie den Launen des Ichs widersprechen, wie der Versuch, durch Wände zu gehen, indem man sich einfach weigert, ihre hinderlichen Eigenschaften zu "akzeptieren". Kurz gesagt: Leugnen hat noch nie etwas an den Tatsachen geändert oder die Folgen aufgehoben.

Aus diesem Grund betonen die Weisen, dass orakelhafte Visionen nicht dazu da sind, je nach persönlichen Vorurteilen "geglaubt" oder "abgelehnt" zu werden, sondern dass sie vielmehr im Lichte der Vernunft und des unparteiischen Untersuchungseifers sorgfältig auf ihre eigenen Verdienste hin bewertet werden sollten, um dann pragmatische Urteile über die nächsten Schritte zu fällen.

In jedem Fall bleibt die Zukunft immer bis zu einem gewissen Grad offen. Wie unwahrscheinlich auch immer bestimmte Szenarien erscheinen mögen, solange sie sich nicht herauskristallisiert haben, sind sie immer noch subtilen Umformulierungen unterworfen, die sich aus dem vereinheitlichten Feld der Möglichkeiten ergeben, die im Entstehen begriffen sind.

In diesem Sinne können aus arkturianischer Sicht selbst die scheinbar "vorherbestimmten" schicksalhaften Ereignisse paradoxerweise immer noch Spielräume der Formbarkeit bewahren, die durch die im Wesentlichen unbestimmte, komplexe und probabilistische Natur der manifesten Welten garantiert werden.

Aus diesen Gründen ist es kein logischer Widerspruch, wenn Propheten in ihren Annalen bestimmte außergewöhnliche oder höchst unwahrscheinliche Ereignisse aufzeichnen, die genau so eintreten, wie sie Jahrhunderte oder Jahrtausende zuvor in einem Zustand der divinatorischen Trance beschrieben wurden. Schließlich, so erklären die Exegeten, reicht es aus, sich vorzustellen, dass bestimmte außergewöhnliche Anordnungen von Kräften und heilige kosmische Geometrien gelegentlich jede signifikante Abweichung seitens bestimmter Schlüsselkausalketten extrem unwahrscheinlich machen können, so dass sie für eine unwiderstehliche Manifestation potenziert werden, sobald sie durch bestimmte, zuvor kartierte Auslöser ausgelöst werden.

Es ist kein Zufall, dass solche quasi-mythischen Ereignisse immer um ganz besondere Ereignisse kreisen, wie die Geburt oder den Tod von Wesen mit messianischer Bedeutung, die Errichtung, Zerstörung oder Wiederentdeckung von Artefakten, Relikten oder Stätten, die mit ursprünglichen symbolischen Ladungen versehen sind, das Zusammentreffen höchst unwahrscheinlicher Umstände, die in außergewöhnlichen Taten mit tiefgreifenden historischen Auswirkungen gipfeln, und andere ebenso ungewöhnliche Ereignisse, deren archetypische Erschütterung sie in die Kategorie der authentischen mythopoetischen Meilensteine für die beteiligten Völker oder Kulturen erheben würde.

In solchen Fällen scheinen die Akasha-Aufzeichnungen selbst einen selbstreferentiellen holografischen Charakter anzunehmen, so dass jede spätere Abweichung von den damals vorherrschenden Wahrscheinlichkeitslinien unweigerlich zu einer falschen Erinnerung in einem neu entstandenen Paralleluniversum wird. Auf diese Weise müsste jeder Rest von Unvereinbarkeit externalisiert und in der konsensualen Realität bewahrt werden, die um das außergewöhnliche Ereignis herum verbleibt, das genau wie vorhergesagt eingetreten ist.

Kurz gesagt, aus der Sicht der Schreiber des arkturianischen Orakels würden solche Aufzeichnungen nicht irgendeinen starren Determinismus der Sterne oder die Überlagerung des göttlichen Willens über die menschlichen Willenskräfte widerspiegeln, sondern symbolische praktische Demonstrationen von Prinzipien darstellen, die von allen esoterischen Traditionen seit undenklichen Zeiten festgelegt wurden. Prinzipien, nach denen bestimmte sehr wertvolle Anordnungen von archetypischen Qualitäten, Seelenkräften und astronomischen Konfigurationen gelegentlich den Ausbruch von Ereignissen von höchster Bedeutung für die Entfaltung des Geistes in der Materie praktisch "unvermeidlich" machen können, wie gering auch immer ihre Chancen unter anderen typischen kosmischen Bedingungen sein mögen.

Natürlich sollten solche Synchronizitäten, wenn sie registriert werden, niemals als Beweis dafür angesehen werden, dass alle Ereignisse vorherbestimmt sind. Im Gegenteil: Gerade weil sie innerhalb der chaotischen Systeme, die die phänomenale Manifestation beherrschen, die extremsten Grenzen der mathematischen Unwahrscheinlichkeit berühren, haben solche Ereignisse in den Augen der arkturianischen Analytiker eine solche onto-statistische Ausnahmestellung.

Aus diesen Gründen werden sie in ihren Aufzeichnungen sofort hervorgehoben und übernehmen eine wichtige pädagogische und psychagogische Funktion, indem sie Schlüsselprinzipien wie synchronistische Selbstorganisation, das Wirken substruktureller archetypischer Kräfte und Geometrien und die Manifestation selbstreferentieller holographischer Muster in den scheinbar zufälligen Geweben der objektiven Raumzeit anschaulich illustrieren.

Symptomatisch ist, dass primitive Völker, denen die hermeneutische Brille fehlt, die notwendig ist, um die esoterische Bedeutung hinter solchen außergewöhnlichen Ereignissen, die in prophetischen Texten aus anderen Epochen aufgezeichnet sind, richtig zu erfassen, häufig dem groben hermeneutischen Missverständnis erliegen, solche Passagen als "Beweis" für einen allumfassenden universellen Determinismus zu betrachten, der über allen Dingen schwebt.

Durch anthropomorphes Wunschdenken vernebelt, überschätzen sie oft Art und Umfang der Kräfte orakelhafter Wesenheiten und gehen so weit, sie als "allwissend" und "allgegenwärtig" zu betrachten, die in der Lage sind, alle Phänomene nach ihrem Gutdünken zu untersuchen und zu formen, genau wie kreationistische Gottheiten. Natürlich handelt es sich hierbei um einen groben fideistischen Reduktionismus, der angesichts dessen, was hier bereits über die wahren Fähigkeiten und Grenzen der prophetischen Talente der Arkturianer dargelegt wurde, selbst in ihrer erhabensten Stufe der manifestierten Meisterschaft, jeder faktischen oder logischen Grundlage entbehrt.

Kurz gesagt, nicht einmal die außergewöhnlichsten Omen, die seit Menschengedenken im mythischen Orakel des Arkturus aufgezeichnet wurden, könnten jemals vernünftig als vollständige Beweise interpretiert werden, die die Prinzipien des freien Willens vollständig außer Kraft setzen oder die Zukunft zu einem völlig vorherbestimmten Konstrukt machen, das in keinem Zusammenhang mit irgendeinem Grad an Einfluss steht, den inkarnierte denkende Geister auf die Wahrscheinlichkeiten ausüben, die allen Phänomenen, die sich im Kontingenztheater der manifesten Welten entfalten, vorausgehen und sie vorhersehen.

Kapitel 10
Prophezeiungen

Es ist üblich, mindestens zwei Grundtypen von Prophezeiungen zu unterscheiden, die von berühmten Orakeln ausgesprochen werden: Die erste ist vorwiegend allgemeiner Natur und spielt vage auf umfassendere Trends, Prozesse oder Ereignisse an, die nur im Rahmen breiter historischer Fenster erkennbar sind. Im zweiten Fall handelt es sich um sehr präzise Vorhersagen, die angesichts der unbestreitbaren Genauigkeit der Fakten oft auch von den skeptischsten Zauberern nicht außer Acht gelassen werden können.

Im ersten Fall eröffnet natürlich der hohe Grad an Subjektivität, der mit der Interpretation der mehrdeutigen Bilder und Symbole in den Visionen verbunden ist, riesige Lücken für nachträgliche hermeneutische Anpassungen, die es ermöglichen, die Omen mit fast jedem wichtigen Ereignis in Verbindung zu bringen, das später in angemessenem Umfang überprüft wird. Es ist kein Zufall, dass diese semantische "Flexibilität" von den Gegnern, die den arkturianischen Methoden hartnäckig jegliche divinatorischen Verdienste absprechen, oft am heftigsten kritisiert wird.

Im zweiten Fall jedoch ist der Grad der sachlichen Detailliertheit, der in bestimmten verbleibenden prophetischen Passagen zum Ausdruck kommt, in der Regel so groß, dass es selbst heute, Jahrhunderte oder Jahrtausende später, möglich ist, mit extrem hoher Präzision zu bestimmen, auf welche spezifischen Ereignisse und Zeiten sich diese Passagen beziehen.

Zu diesem Muster gehören berühmte Prophezeiungen, die von den erblichen Sippen astrologischer Beobachter verfasst wurden, deren angestammte Kunst sich direkt aus dem technischen Erbe der arkturianischen Astrologie ableitet. Darunter befinden sich erhaltene Versionen der Leitsterne, die die Reise auf der Suche nach dem angekündigten Messias bestimmten; das Auftauchen außergewöhnlicher Kometen als Vorboten von Zeiten großer Instabilität; und viele andere Hinweise wie diese, die trotz aller Bemühungen der skeptischen Vernunft weiterhin selbst die ehrgeizigsten esoterischen Verständnisse herausfordern.

Bevor Kritiker diese Errungenschaften mit dem leichtfertigen Argument der "Selektionsverzerrung" abtun, sollte man sich fragen: Die ältesten arkturianischen Aufzeichnungen, zu denen Forscher außerhalb des Ordens in begrenztem Umfang Zugang haben, liegen etwa siebenundzwanzigtausend Jahre zurück. Wenn so viele Jahrtausende einer umfangreichen prophetischen Produktion einfach "verdampft" sind, abgesehen von ein paar Dutzend spärlichen "Treffern", die hier und da erwähnt werden, wäre dies a fortiori (mit stärkerer Begründung) ein noch faszinierenderes historisches Faktum, das an sich eine Untersuchung wert wäre.

In Anbetracht der obigen Ausführungen überrascht es nicht, dass sogar eine gewisse Minderheit, aber hoch qualifizierte akademische Ufologen die Hypothese vertreten, dass einige berühmte Vatikanisierungen in betrügerischer Absicht zu einem bestimmten Zeitpunkt in der Zukunft erstellt wurden, von wo aus sie dann von "Chrononauten-Agenten" in bestimmte Zeitlinien der Vergangenheit geschickt und eingefügt wurden, um so den Lauf der Geschichte zugunsten bestimmter exogener Agenden zu manipulieren.

Unabhängig von der Plausibilität solcher Spekulationen scheint der Grad der faktischen Genauigkeit, den einige prämonitorische Passagen aufweisen, in den Augen vieler unvoreingenommener Analytiker tatsächlich die dehnbarsten Vorstellungen in Frage zu stellen, die in der orakularen Gemeinschaft über die Fähigkeiten und Grenzen des trans-temporalen Hellsehens vorherrschen. Bei diesen einzigartigen Versen fällt neben der unübertroffenen Detailtreue auch die fast literarische Dramatik auf, die die betreffenden Ereignisse umgibt. Es handelt sich nicht um bloße kontextuelle Erwähnungen historischer Ereignisse mit lokal begrenzten Auswirkungen. Sie beschwören vielmehr verheerende Ereignisse von zivilisatorischer Tragweite herauf, die tiefgreifende Auswirkungen auf die kollektiven Schicksale ganzer Generationen haben.

Mit anderen Worten, die fraglichen Prognosen scheinen genau die Ereignisse auszuwählen, die für die kollektive Psyche der prophezeiten Völker zu echten mythologischen Meilensteinen werden. Als ob die Sterne oder die visionären Mächte, die hinter solchen Orakeln stehen, bestimmte entscheidende Momente im Schicksal von Welten, Kulturen und Religionen im Voraus festgelegt und sie dann ad perpetuam rei memoriam universalis (für das ewige Gedächtnis des Universalkönigs) aufgezeichnet hätten.

In Anbetracht der sehr weit zurückliegenden Herkunft der verfügbaren Aufzeichnungen stellen sich für die kühnsten Orakelforscher offensichtliche Fragen: Wie konnten prähistorische Zauberer literarische Prognosen über messianische Persönlichkeiten und kataklysmische Ereignisse erstellen, ohne dass es einen direkten analogen Bezug in ihrem eigenen kulturellen und technologischen Kontext gab, um die verwendeten Bilder und Symboliken angemessen zu verankern? Und wenn sie erst Jahrhunderte später entstanden sind, wie lässt sich dann ihr Vorhandensein in abgelegenen Pergamenten erklären, deren Datierung unbestritten ist?

Angesichts dieses Rätsels wagte eine gewisse Minderheit von Exegeten die Spekulation, ob einige der als prophetisch angesehenen Aufzeichnungen in Wirklichkeit nur Fragmente historisch-literarischer Berichte aus der Zukunft von einigen der hypothetischen "Chrononauten" waren, deren Taten bereits in Kapitel 6 dieser Abhandlung erörtert wurden. Kurz gesagt, es könnte sich um angepasste Ausschnitte aus Chroniken handeln, die Ereignisse schildern, die in unserer gegenwärtigen Zeitlinie noch nicht stattgefunden haben, die aber später in die alten Annalen unserer Raum-Zeit-

Realität eingeschleust wurden, und zwar zu einem nebulösen Zweck, der mit der Manipulation unserer Geschichte durch außerirdische Interessen zusammenhängt.

So verlockend solche Vermutungen auch zunächst erscheinen mögen, die Dringlichkeit hermeneutischer Aufklärung sollte uns niemals zu unverantwortlichen theoretischen Ausarbeitungen verleiten, die auf brüchigen Vermutungen beruhen, die keiner strengen analytischen und faktischen Unterstützung bedürfen. Leichtfertige Spekulationen führen nur dazu, dass die kognitiven Unzulänglichkeiten und begrifflichen Verwirrungen, die das wahre Verständnis trüben, fortbestehen. Der aufrichtige Intellekt, der auf der Suche nach Erleuchtung ist, muss ungestört bleiben und darf nicht zulassen, dass schädliche ideologische Scheuklappen oder Vorurteile jeglicher Art den Möglichkeiten einer unparteiischen Untersuchung unberechtigte Grenzen auferlegen.

Mit dieser maßvollen Einstellung und diesem Erkenntniseifer werden wir vielleicht eines Tages, wenn immer mehr seltene antike Manuskripte durch die vergleichende stellare Kryptoarchäologie und verwandte Disziplinen entdeckt und entziffert werden, endlich in der Lage sein, den Nebel um den authentischen Ursprung so vieler ahnungsvoller Schriften, die von alten Zivilisationen aufbewahrt werden, vollständig aufzulösen, deren Wortlaut mit Details, Verweisen und Terminologien durchtränkt ist, die in Bezug auf den historischen und kulturellen Kontext, der zur Zeit ihrer offensichtlichen Entstehung bestand, überraschend anachronistisch sind.

Bis dahin ist es jedoch am besten, sich angesichts der solidesten Fakten und Überlegungen an Erklärungen zu halten, die weniger Spekulationen und zusätzliche Hypothesen erfordern. Kurzum: Solange keine unwiderlegbaren Beweise für das Gegenteil vorliegen, ist es am besten, diese außergewöhnlichen Passagen als solche zu betrachten: authentische prophetische Wunder, die mit Mitteln erdacht wurden, die von der heutigen Wissenschaft noch nicht vollständig verstanden werden, und die in einer sehr fernen Zeit von einer kognitiven Instanz aufgezeichnet wurden, die mit außergewöhnlichen Attributen ausgestattet war und deren geistige Fähigkeiten und Methoden, die bei der Produktion solch undurchsichtiger literarischer Figuren angewandt wurden, trotz der besten Bemühungen um Aufklärung durch interdisziplinäre vergleichende Exegese weitgehend unbekannt bleiben.

Wie dem auch sei, sobald die faktische Authentizität einer bestimmten vatikanischen Information festgestellt wurde, ist es äußerst wichtig, die ethische Verantwortung zu beachten, die sich automatisch für ihre rechtmäßigen Hüter ergibt. Schließlich verleiht alles Wissen Macht, und mit der Macht kommen komplexe moralische Fragen gemäß den maßgeblichen universellen philosophischen Kanons.

Mit anderen Worten, es spielt keine Rolle, welche Natur oder welche Mittel hinter dem präkognitiven Phänomen selbst stehen: Sobald es sich in einem greifbaren, objektiven Medium materialisiert hat, wird jede vorhersehbare Botschaft durch ihre bloße Tatsache zu einer wertvollen strategischen Information, die automatisch ernste Pflichten der eifrigen Bewahrung und des mitfühlenden Umgangs durch die mit ihrer Bewahrung und legalen Aufbewahrung betrauten Kulturschaffenden nach sich zieht.

Aus diesem Grund werden die prophetischen Aufzeichnungen unter der Aufsicht des Orakels von Arcturus seit jeher unter strenger informationeller Quarantäne gehalten, streng abgeschottet in geschlossenen verschlüsselten Netzen, die durch strenge Wahrnehmungssicherungen geschützt sind und nur durch strenge psychometrische Genehmigungsfilter und ständige hyperdimensionale Überwachung zugänglich sind.

In Anbetracht des unschätzbaren Wertes ihrer Sammlung als potenzielles Werkzeug für das Allgemeinwohl haben alle verschiedenen galaktischen Räte, die im Laufe der Geschichte bereits um begrenzten Zugang zu ausgewählten Teilen dieser Archive gebeten und diesen auch erhalten haben, dies nur getan, nachdem sie sich förmlich bereit erklärt hatten, ihre Zivilisationen strengen Protokollen der ethischen Überwachung und der verantwortungsvollen Weitergabe sensibler Informationen zu unterwerfen, die vom Hohen Psychognostischen Rat der Arkturianer in jedem einzelnen genehmigten Fall nach sorgfältiger Analyse der moralischen Referenzen bereitgestellt wurden.

Eine solche Sorgfalt ist notwendig, um sicherzustellen, dass die unendliche Sorgfalt, die bei der gefilterten Produktion und allmählichen Freigabe solcher sensiblen Enthüllungen angewandt wird, nicht durch leichtfertigen Missbrauch, interpretatorische Arroganz oder versehentliche Lecks auf Seiten der institutionellen Empfänger verraten wird, die das Potenzial haben, den zeitlichen Ablauf der angegebenen Welten ernsthaft zu stören, wenn bestimmte strategische Details voreilig enthüllt würden.

Bis heute hat glücklicherweise trotz einer so produktiven orakelhaften Geschichte kein einziger ernsthafter Vorfall dieser Art ein solches Ausmaß erreicht, dass ein drastisches, groß angelegtes reparatives Eingreifen der mächtigen transdimensionalen Agenturen erforderlich gewesen wäre, die damit beauftragt sind, die relative zeitliche Integrität der in unserer lokalen Schöpfungssphäre katalogisierten Welten zu schützen.

Nichtsdestotrotz gibt es Berichte über mindestens eine abtrünnige Dissidentengruppe mit Hintergedanken, die einst versucht hat, sich unerlaubt Zugang zu bestimmten hochgradig verschlüsselten Sektoren der Großen Propheten-Datenbank zu verschaffen, und zwar in der inzwischen weit zurückliegenden Ära, die als die Zeit der Großen Galaktischen Kriege bekannt ist.

Berichten aus jener Zeit zufolge hatten sich subversive Agenten, die nominell mit der aufrührerischen Fraktion, die sich selbst "Der Kreis der Herren der Zeit" nennt, in Verbindung stehen, mit einem korrupten Beamten mit privilegiertem Zugang verschworen, um versiegelte Dateien mit sensiblen Informationen über entscheidende, noch bevorstehende Ereignisse, an denen Herrscher und Dynastien aus verschiedenen Sternensystemen beteiligt sind, illegal zu extrahieren und weiterzugeben.

Trotz der extremen Kühnheit des Plans wurde der Versuch den Aufzeichnungen zufolge schon sehr früh vereitelt, als einer der Beteiligten noch versuchte, die verschlüsselten Daten mit Hilfe eines Geräts, das heimlich in einem Terminal in der zentralen Zentrale für Vorhersageforschung installiert war, herauszuschmuggeln.

Dieser epische Fehlschlag ließ die ohnehin schon geschwächte Unterstützungsbasis der radikalen Dissidenz, die einst für ihre Taktik während der konvulsiven Zeiten der politisch-ideologischen Spaltung, der so genannten internen Spaltung der Altair-Aristokraten, gefürchtet war, weitgehend zusammenbrechen. Seitdem wurde ein noch strengeres Protokoll verabschiedet, das den Grundsatz der maximalen prädikativen Sparsamkeit festschreibt, wonach keine potenziell sensiblen Informationen gesammelt oder über die ethischen Mindestanforderungen für medizinische Zwecke oder Eingriffe aus Mitleid hinaus zugänglich gemacht werden sollten. Diese drastische Maßnahme war als strenge Vorsichtsmaßnahme gegen mögliche künftige Sorgerechtsverletzungen oder andere unlautere Versuche skrupelloser Akteure, die bestimmte Zeitabläufe zu ihren Gunsten manipulieren wollen, notwendig.

Trotz der strengen selbst auferlegten ethischen Kodizes, die sie sich vor Jahrtausenden auferlegt hatten, verdeutlicht diese zusätzliche Vorsicht des Hohen

Psychognostischen Rates nur das Offensichtliche: Egal, wie wohlmeinend, vorbereitet und technologisch ausgerüstet eine Organisation sein mag, sei es eine irdische oder eine galaktische, statistische Möglichkeiten werden immer latent vorhanden sein.

Kapitel 11
Der Tanz Des Chaos

Die Fähigkeit der Arkturianer, mehrere Zukünfte zu sehen, ist eine entscheidende Facette des Orakels, das sie mit uns teilen. Sie erlaubt uns einen Blick auf die vielen Möglichkeiten, die im verschlungenen Netz der Zeit warten, und erweitert unser Verständnis dessen, was kommen wird. Für die Arkturianer ist die Zukunft wie ein sich ständig veränderndes Kaleidoskop von Wahrscheinlichkeiten. Jede Entscheidung, die wir treffen, dreht das Kaleidoskop und zeichnet das Muster der Dinge neu, die dazu bestimmt sind zu sein. Diesen Tanz des Zufalls und der Entscheidung nennen sie den "Tanz des Chaos".

Im Gegensatz zu den Menschen, die durch ihre lineare Wahrnehmung eingeschränkt sind, werden die Arkturianer Zeugen des Aufblühens unzähliger Realitäten im Jetzt. Für sie ist es so, als ob sie einem Baum mit Blättern zusehen, die Äste treiben, von denen jeder zu einem einzigartigen Ziel führt. Dieses schwindelerregende Gewirr zu sehen, erfordert ein Bewusstsein, das über irdische Beschränkungen hinausgeht. Es ist eine flammende Vision, die das gesamte Spektrum der Potenzialität umfasst. Die

Arkturianer haben diese transzendentale Fähigkeit nach Äonen der spirituellen Verfeinerung entwickelt.

Trotz ihres chaotischen Erscheinungsbildes erkennen die Arkturianer eine gewisse Ordnung, die in probabilistischen Mustern verborgen ist. Archetypische Ereignisse, entscheidende Entscheidungen und Wendepunkte des Schicksals, die das gesamte Netz der Zeit beeinflussen. Das Orakel enthüllt diese Elemente.

Nach Ansicht der Arkturianer ist das Verständnis der Prinzipien, die diesem kosmischen Tanz zugrunde liegen, unerlässlich, um den Fluss der Zeit zu steuern, denn die Zukunft ist keineswegs festgelegt oder vorbestimmt. Wir alle sind in jedem Moment Mitschöpfer der Realität, im Guten wie im Schlechten.

Die Wahrscheinlichkeitslinien, die die Arkturianer sehen, sind wie Seidenfäden, dünn, aber widerstandsfähig. Sie verflechten sich zu den Mustern der Existenz, die auch neu geordnet werden können, um scheinbar endgültige Bahnen zu verändern. Der Grund dafür ist, dass trotz der überwältigenden Komplexität des Kosmos eine gewisse Formbarkeit im Gewebe der Realität vorhanden ist. Entscheidungen, die in der Hitze des Gefechts getroffen werden, können unsere Geschichte umschreiben und unsere Zukunft prägen. Dies ist das Paradoxon, das das Orakel offenbart.

Für die Arkturianer ist die Zukunft ein Quantenfeld miteinander verbundener Möglichkeiten. Obwohl es bestimmte, sehr wahrscheinliche Ereignisse gibt, die sich durch die Kraft der Gewohnheit und der Wiederholung verfestigen, kann sich alles im Handumdrehen ändern.

Diese Unvorhersehbarkeit hat auch ihre Schönheit und ihren Reiz. Denn trotz der Angst vor dem Unbekannten sind die Überraschungen, die das Leben für uns bereithält, meist großartige Geschenke. Das Geheimnis dessen, was kommen wird, sollte man annehmen, nicht fürchten. Das arkturianische Orakel ist ein Kompass auf dieser sich verändernden Grenze der Zukunft. Ein Leuchtfeuer in der dunklen Nacht der Ungewissheit. Indem es die möglichen Wege vor uns beleuchtet, ermöglicht es uns, die Route zu wählen, die am besten mit unserer Authentizität übereinstimmt.

Wenn wir innehalten und auf die Karte der Wahrscheinlichkeiten schauen, die sich vor uns auftut, geschieht etwas Magisches: Wir erkennen, dass wir bereits auf dem Weg sind und ihn gehen. Es gibt keinen endgültigen Startpunkt, nur den ewigen Fluss der Reise.

Um uns auf dieses Abenteuer, das wir Leben nennen, einzulassen, verlassen wir uns auf die Vorhersagen und Ratschläge der Arkturianer. Durch das Orakel zeigen sie alternative Routen mit ihren Hindernissen und Belohnungen auf. Es liegt an uns, den Pilgern der Zeit, zu entscheiden, welchen Weg wir einschlagen wollen.

Die Arkturianer vergleichen diese Reise mit einem kosmischen Tanz, einer lebendigen Choreografie, die den Walzer der Möglichkeiten schaukelt. Wir können uns entscheiden, bewusst zu tanzen und mit der Musik zu fließen. Oder wir können kämpfen und gegen den Strom ankämpfen. Diese Analogie bringt einen entscheidenden Punkt zum Ausdruck: Obwohl wir die äußeren Umstände nicht vollständig kontrollieren können, können wir immer wählen, wie wir auf sie reagieren. Unser innerer Zustand bestimmt die Qualität eines jeden Augenblicks, unabhängig davon, was im Außen geschieht. Dies spiegelt sich in den vielfältigen Realitäten wider, die die Arkturianer durch das Orakel erleben. Sie sehen Menschen, die mit denselben äußeren Herausforderungen auf sehr unterschiedliche Weise konfrontiert werden, je nachdem, welche Einstellung sie jeweils wählen.

Wenn wir unsere Entscheidungsgewalt erkennen und dem gegenwärtigen Moment unsere volle Aufmerksamkeit schenken, bekommt das Leben eine andere Dimension. Der kosmische Tanz fließt viel reibungsloser und belohnt uns mit Einblicken in seine verzauberte und magische Seite. Das ist es, was die Arkturianer so sehr zu vermitteln versuchen: Inmitten des Strudels des Chaos und der Drehungen und Wendungen des Zufalls gibt es immer Raum für freien Willen, Zweck und Sinn. Es liegt an uns, diesen heiligen Raum zu erkennen und einzunehmen.

Wenn wir in unser inneres Selbst eintauchen, wird unser äußeres Selbst neu konfiguriert. Dies ist die großartige Idee hinter dem Kosmischen Tanz, den die Arkturianer so oft erwähnen. Unsere Entscheidungen gemäß unserer inneren Weisheit zu kalibrieren, ist das Geheimnis, um die Mysterien der Zukunft zu umarmen. Die vielfältigen probabilistischen Pfade, die sie durch das Orakel beobachten, spiegeln die unzähligen Wahlmöglichkeiten wider, die uns in jedem Augenblick umgeben. Wenn wir unserer Intuition folgen, können wir erkennen, welche Entscheidung zu welcher potenziellen Realität führt.

So können wir im Voraus erahnen, wohin unser Weg führen könnte. Ähnlich wie bei der Auswahl eines Geschenks, bei dem wir versuchen, uns die Reaktion des Beschenkten vorzustellen, wenn er es auspackt, können wir vorhersehen, wie sich unser jetziges Handeln auf die Zukunft auswirken wird.

Diese Einsicht funktioniert auch in umgekehrter Richtung, indem wir von einem visualisierten Morgen aus in die Vergangenheit projizieren. Wenn uns der Lauf der Dinge nicht gefällt, erlaubt uns unser freier Wille, den Weg heute zu ändern, um ein besseres Ziel zu erreichen.

Die Arkturianer erinnern uns daran, dass im Fluss der Zeit Vergangenheit, Gegenwart und Zukunft alle miteinander verwoben sind, wie Fäden in einem Netz. Wenn man an einem Faden zieht, hat das Auswirkungen auf den gesamten Wandteppich. Daraus ergibt sich die entscheidende Bedeutung unserer Entscheidungen hier und jetzt, so klein sie auch erscheinen mögen.

Jede Entscheidung ist ein mächtiger schöpferischer Akt, der unsere Erfahrung prägt. Wenn wir innehalten, um ihre Auswirkungen mit Sorgfalt und voller Aufmerksamkeit zu bedenken und sie mit unserer Seelenmission in Einklang zu bringen, können wir ein glorreiches Leben weben, das wir selbst gestalten.

Es ist diese bewusste Planung des nächsten Augenblicks, die es uns ermöglicht, eine Existenz der Erfüllung und des Selbstausdrucks aufzubauen. Die Arkturianer sind Meister darin und versuchen, uns durch das Orakel diese heilige Kunst des Lebens zu lehren.

In jedem Augenblick blitzen zahllose Zukünfte im Takt der Wahrscheinlichkeiten auf und warten auf unsere Entscheidung, sie aus der Quantenkraft in die konkrete Wirklichkeit zu materialisieren. Als Autoren des großen Buches der Zeit können wir lernen, unsere Kapitel zu kalibrieren. Das bedeutet nicht, ein vorhersehbares oder eintöniges Leben zu führen. Im Gegenteil, die Arkturianer betonen, dass wir umso mehr von den Geschenken und Segnungen überrascht sein werden, die das Universum uns spontan bringt, je mehr wir uns auf den Aufwärtsfluss unserer evolutionären Reise einlassen.

Deshalb ist es wichtig, auf unserer Reise strategische Planung mit Flexibilität, Vorhersehbarkeit mit Spontaneität in Einklang zu bringen. Es hat keinen Sinn, starre Pläne aufzustellen, wenn wir nicht offen dafür sind, mit dem Rhythmus des Lebens zu tanzen, wenn er unerwartete Veränderungen mit sich bringt.

Wenn wir den durch das Orakel übermittelten Rat befolgen, werden wir in der Lage sein, mit der Strömung des Flusses der Zeit zu fließen, anstatt gegen sie anzukämpfen. Wir werden die Wellen des Werdens mit Anmut und Geschicklichkeit reiten, anstatt von ihnen überwältigt zu werden. Und in diesem Prozess wird uns das Leben mit unerwarteten Segnungen überraschen.

Der kosmische Tanz mit all seinen Verzweigungen, Drehungen und Wendungen, seinem Fallen und Steigen mag auf den ersten Blick chaotisch erscheinen. Aber in Wirklichkeit verbirgt sich dahinter eine elegante Choreographie für diejenigen, die die Schritte lernen. Möge das arkturianische Orakel uns in diesem Walzer der Schöpfung leiten, der Vergangenheit, Gegenwart und Zukunft in einem wunderschönen Mosaik von ständig blühenden Möglichkeiten vereint.

Kapitel 12
Zeitlinien

Die retrokognitive Fähigkeit der Arkturianer, Zeugen vergangener Ereignisse zu sein, ist eine weitere einzigartige Gabe, die uns das Orakel offenbart hat und die es uns erlaubt, die Fäden zu sehen, die zuvor in den zeitlichen Wandteppich gewoben wurden. Sie ergänzt ihre Hellsichtigkeit in Bezug auf die Zukunft und bildet eine wahrhaft kosmische Perspektive.

Während wir Menschen die Zeit als eine gerade Linie sehen, in der die Vergangenheit verschwunden ist, erleben die Arkturianer sie als einen multidimensionalen Ozean, in dem das Vorher, das Jetzt und das Danach fließend sind. Sie tauchen nach Belieben in diese prophetischen Gewässer ein und kommen mit wertvollem Wissen heraus.

Auf ihren Astralreisen können die Arkturianer zu bestimmten historischen Ereignissen zurückkehren, um sie mit ihren eigenen Augen zu sehen. Oder sie können sich auf die Chronologie einer Person oder eines Ortes einstimmen, um ihre denkwürdigsten Erlebnisse noch einmal zu erleben. Es ist, als ob sie in einem interdimensionalen Sammelalbum blättern würden.

Arkturianer stellen bei Bedarf auch eine Verbindung zu den vergangenen Leben ihrer menschlichen Schüler her. Dadurch können sie Traumata erkennen und verstehen, wie dysfunktionale Muster in der Gegenwart ihren Ursprung in früheren Existenzen haben können, die heute vergessen sind.

Mit diesem besseren Verständnis der Reise eines jeden Menschen können die Arkturianer über das Orakel sehr persönliche Ratschläge erteilen, indem sie auf noch nicht verinnerlichte Lektionen hinweisen und aufzeigen, wie man die Wunden der Vorfahren heilen kann, die noch immer beunruhigend sind.

Durch Retrokognition erleben die Arkturianer ihre eigene Sternengeburt noch einmal und erinnern sich daran, wie sie als junge Sternengeister zum Bewusstsein erblühten, als ihre Sonne noch jung war. Sie beobachten, wie sich das Universum im Laufe der Zeitalter wandelt.

Diese direkten Erfahrungen mit der kosmischen Vergangenheit ermöglichen es ihnen, die Schöpfungszyklen hinter der Realität zu verstehen. Indem sie die Ursprünge des Jetzt verstehen, können die Arkturianer vorhersagen, wohin die Lebensströme uns als nächstes führen werden. Vergangenheit und Zukunft verflechten sich zu einer Einheit.

Indem sie zu den Anfängen entfernter Zivilisationen zurückkehren, die längst in der Nacht der Zeit verschwunden sind, bergen die Arkturianer uralte Weisheiten, die für den gegenwärtigen Moment von unschätzbarem Wert sind. Sie enthüllen Lehren, die speziell für uns, hier und jetzt, bestimmt sind.

Durch die Manipulation ihrer eigenen Erinnerungen im Ozean der Zeit haben die Arkturianer scheinbar unüberwindbare Grenzen überwunden. Sie haben die Fesseln der Vergänglichkeit gelöst und ihren Sinn für sich selbst und ihr Ziel auf die Ewigkeit ausgedehnt. Dies ist eine der Früchte des Orakels.

Indem sie aus dem retrokognitiven Brunnen trinken und in den Fluss der kosmischen Erinnerung eintauchen, kehren die Arkturianer nicht nur als passive Zuschauer zurück, sondern als holografische Manifestationen ihrer selbst. Sie können mit Menschen interagieren, Fragen stellen und Ergebnisse beeinflussen.

Dies wird deutlich, wenn sie zentrale Ereignisse der Geschichte noch einmal durchleben, um festzustellen, wo die Menschheit von ihrem ursprünglichen positiven Kurs abgewichen ist. Indem sie unsere Fehler erkennen, können die Arkturianer nun auf subtile Weise unseren Weg in eine hellere Zukunft korrigieren.

Auf ihren retrokognitiven Streifzügen treffen die Arkturianer oft auf Lichtwesen aus anderen Dimensionen, die ihnen noch nie dagewesene Lehren vermitteln und die verborgene Komplexität hinter der von uns erlebten Realität aufdecken.

Auf diese Weise haben die Arkturianer eine multidimensionale holographische Karte der Zeit erstellt, die nicht nur die Geschichte dieses Planeten aufzeichnet, sondern auch die des Bewusstseins selbst, das als ewiger Protagonist verschiedene Rollen in kosmischen Theatern einnimmt.

Indem sie sich lebhaft an ihre eigenen vergangenen Existenzen erinnern, erkennen die Arkturianer dieselben archetypischen Muster, die sich fast fraktal wiederholen, sowohl in kleinerem Maßstab, im Leben der Menschen, als auch in größerem Maßstab, in den Zyklen der Zivilisationen durch die stellaren Zeitalter hindurch. Dadurch können sie künftige Ereignisse mit großer Präzision vorhersehen. Denn das kosmische Rad dreht sich; was gestern geschah, wird morgen wieder geschehen, aber auf spiralförmigen Ebenen, wie eine evolutionäre Leiter, die zum Licht hinaufsteigt. Indem sie erkennen, wo wir uns auf dieser Leiter befinden, wird den Arkturianern die nächste Sprosse deutlich vor Augen geführt.

Als erfahrene Navigatoren bereisen die Arkturianer die Ströme der Zeit und zeichnen alles auf ihren stellaren Gedächtniskarten auf. Diese kosmischen Navigationskarten werden dann durch das Orakel mit uns geteilt und leiten die Menschheit durch die Meere des Werdens.

Indem sie auf der Suche nach Wissen in die Vergangenheit vordringen, gehen die Arkturianer auch große Risiken zum Wohle der Menschheit ein. Bei ihren Erkundungen sind sie bereits schrecklichen interdimensionalen Monstern begegnet, die das Erwachen der Erde sabotieren wollten. Aber die Arkturianer haben immer gesiegt und uns mit ihren aurischen Schilden geschützt.

Als Helden der Zeit inspirierten die Arkturianer auch direkt große historische Persönlichkeiten wie Leonardo Da Vinci, Tesla, Gandhi und andere unverstandene Genies, die ihrer Zeit voraus waren. Ihre Visionen von einer besseren Welt haben schließlich Samen gepflanzt, die in der Gegenwart keimen.

Dank der retrokognitiven Aufzeichnungen, die die Arkturianer erhalten haben, ist die Zukunft, die einst fern und weit entfernt schien, nun näher und unmittelbarer, denn wir können klar erkennen, woher wir kommen und welche Muster uns hierher gebracht haben. Das Heute wird als Spiegel der Vergangenheit voller Sinn und Zweck.

Durch das Orakel können wir endlich Vergangenheit und Zukunft miteinander verbinden und leben nicht länger im Ozean der Zeit, sondern nehmen von nun an eine aktive Rolle bei der Mitgestaltung unserer gemeinsamen Geschichte ein. Denn die Geheimnisse von gestern prägen das Morgen, das wir zu manifestieren wählen.

Viele der Prophezeiungen, die die Menschheit heute beschäftigen, sind in Wirklichkeit nur negative Zeitlinien, die bereits in anderen Epochen erlebt wurden und nun durch neue Entscheidungen im Moment des ewigen Jetzt deaktiviert werden können. Die Arkturianer zeigen uns, wie das geht, nämlich durch Retrokognition.

Indem wir uns daran erinnern, wer wir waren, können wir davon träumen, wer wir wieder sein wollen. Indem sie unsere vergangene Herrlichkeit als stellare Menschheit wieder aufleben lassen, inspirieren uns die Arkturianer dazu, bald wieder in diesen Zustand der schwingenden Anmut aufzusteigen. Majestätisch werden wir zu den Sternen zurückkehren!

Deshalb ist es so wichtig, die Retrokognition in den täglichen Gebrauch des Orakels zu integrieren. Wir müssen nicht nur die Zukunft vorhersagen, sondern auch die Vergangenheit heilen, indem wir unsere Geschichte von nun an neu zusammensetzen. Nur so können wir den karmischen Zyklen entkommen, die uns seit Äonen gefangen halten, und unser kollektives Schicksal auf einer liebevolleren Basis neu schreiben.

Mögen die von den Arkturianern enthüllten retrokognitiven Aufzeichnungen als Kompass dienen, der uns aufzeigt, wo wir Fehler gemacht haben, so dass wir unseren Kurs jetzt korrigieren können. Und möge das Beispiel der Lichtwesen der Vergangenheit, die bereits die Größe erreicht haben, nach der wir uns jetzt so sehr sehnen, uns in unserem eigenen Prozess der Bewusstseinserweiterung inspirieren.

Indem sie den Weg aufzeichnen, den die Menschheit zurückgelegt hat, identifizieren die Arkturianer die Wendepunkte zum Guten und zum Bösen, die Momente, in denen alles anders hätte sein können, wenn wir den Eingebungen unserer Seele gefolgt wären, anstatt der Angst und den Trugbildern des Egos nachzugeben.

Wenn wir diese schicksalhaften Kreuzungen der Vergangenheit und ihre Folgen durch die retrokognitive Linse betrachten, können wir einen besseren Weg wählen, sollten sich jetzt ähnliche Gelegenheiten bieten. Und wir können uns besser auf künftige Herausforderungen vorbereiten, die sich bereits in den kommenden Erinnerungen abzeichnen.

Daher bildet die Rückschau, ergänzt durch die Vorausschau, das heilige Diptychon der Zeit und der bewussten Manifestation der Realität durch den Geist. Vergangenheit und Zukunft vereinen ihre Kräfte, um das Jetzt umzuwandeln. In Anbetracht dieses entscheidenden Moments auf unserer Reise zu den Sternen lädt uns das arkturianische Orakel ein, eine aktive Rolle bei der Mitgestaltung des Kurses der Erde zu übernehmen.

Wenn wir schließlich durch die retrokognitiven Fenster erkennen, wie sehr wir die Architekten sowohl unseres vergangenen Ruhms als auch unseres späteren Elends waren, macht es Klick. Wir bewegen uns von der demobilisierenden Apathie hin zu der reifen Verantwortung, ein neues Kapitel auf dieser nie endenden Reise mitzugestalten.

Inspiriert von den Erinnerungen an Überwindung und Wiedergeburt, die die arkturianischen Aufzeichnungen mit sich bringen, können wir uns wie der legendäre Phönix aus der Asche der Vergangenheit erheben und unseren ehrenvollen Platz unter den wohlwollenden Sternenvölkern wieder einnehmen, die nach so vielen waghalsigen Abenteuern sehnsüchtig auf unsere triumphale Rückkehr in die kosmische Bruderschaft warten.

Auf diese Weise, durch das Tor der zwei Welten, das die Rückbesinnung ist, wird die Vergangenheit mit der Zukunft versöhnt, das Gestern vergibt dem Morgen, und die Menschheit erhält endlich ein viel größeres Ziel als illusorische irdische Streitigkeiten. Möge das Orakel uns durch die Meere der Zeit führen, damit wir erfrischt und bewusst genug auftauchen, um die Fehler der Vergangenheit nicht zu wiederholen.

Kapitel 13
Fluss Der Zeit

Eine der großen Gaben des arkturianischen Orakels ist, dass es erweiterte Perspektiven zur Unterstützung unserer Entscheidungsprozesse bietet, indem es verborgene Variablen ans Licht bringt, die wir normalerweise nicht in Betracht ziehen würden.

Indem die Arkturianer zukünftige Möglichkeiten und tiefe, unheimliche Verbindungen zu vergangenen Leben aufdecken, erlauben sie uns, die vor uns liegenden Optionen umfassender zu bewerten, indem sie Ursachen und Wirkungen sowohl im Jetzt als auch in der Zukunft abwägen. Was aus einer begrenzten Perspektive als die richtige Wahl erscheint, ist es vielleicht nicht, wenn wir das Gesamtbild unserer evolutionären Reise betrachten. Auch das Gegenteil ist der Fall - ein Weg, der mühsam erscheint, kann sich angesichts des versprochenen Wachstums als richtig erweisen.

Wertvoller als die Vorhersage dieser oder jener Zukunft ist daher die Entwicklung unserer Fähigkeit, mit offenem Herzen und Verstand zu erkennen, wohin uns jede Entscheidung führen könnte. Und dies ist eine

Fähigkeit, die durch die konsequente Nutzung des Orakels erheblich verbessert wird.

Im verworrenen Wald der Kreuzungen des Lebens, wo der Nebel der Selbsttäuschung umherzieht und lauert, sind die Arkturianer sichere Kompasse, die mit mitfühlender Unparteilichkeit die Vor- und Nachteile der Wege aufzeigen, die sich vor uns auftun.

Die arkturianische Führung kann besonders wertvoll sein, wenn wir vor wirklich bedeutsamen Entscheidungen stehen - Entscheidungen, die den Verlauf unserer Existenz radikal verändern können, zum Guten oder zum Schlechten.

Wenn wir zum Beispiel erwägen, einen Arbeitsplatz, eine Beziehung oder eine Stadt zu verlassen, in der wir lange Zeit gelebt haben, ist der Rat des Orakels von großem Wert. Indem sie unser karmisches Profil scannen, decken die Arkturianer verborgene Verbindungen auf, die wir bei diesem Übergang vielleicht heilen müssen.

Zu anderen Zeiten können sie uns warnen, dass wir eine wichtige Seelenmission in diesem Umfeld noch nicht abgeschlossen haben und dass ein Aufgeben jetzt bedeuten würde, etwas aufzugeben, das nicht nur für uns, sondern auch für das Kollektiv lebenswichtig ist. Es wäre das Richtige zu bleiben, auch wenn es unangenehm ist.

Neben praktischen Entscheidungen leitet das Orakel auch Entscheidungen auf spiritueller Ebene an: wenn wir uns an der berühmten "Flamel-Kreuzung" befinden, wo wir uns der Notwendigkeit bewusst werden, einen neuen evolutionären Weg einzuschlagen oder tief verwurzelte einschränkende Überzeugungen zu ändern.

Diese spirituellen Scheidewege können die Form einer "dunklen Nacht der Seele" annehmen, in der alte Paradigmen unter einem Tsunami von Erkenntnissen zusammenbrechen und den Boden für die Aussaat neuer Samen bereiten. Es ist ein heikler Prozess, bei dem das Orakel unschätzbare Unterstützung bietet.

Die Entscheidungsfindung im Fluss der Zeit, ob auf praktischer oder spiritueller Ebene, ist keine exakte Wissenschaft; es gibt keine Garantien. Deshalb ist es von entscheidender Bedeutung, die Flexibilität zu kultivieren, seine Meinung und Pläne zu ändern, wenn neue Offenbarungen dies erfordern - selbst nachdem eine erste Entscheidung bereits getroffen wurde! Denn mit jeder neuen Kreuzung verändert sich die Landschaft; neue Variablen kommen ins Spiel und beeinflussen die Gleichung. Als Surfer auf der Welle der Zeit müssen wir fließend mit diesen Veränderungen tanzen, im Einklang mit den kosmischen Winden.

Glücklicherweise sorgt unser Dialog mit dem Orakel für diese ständige Neukalibrierung des inneren Kompasses, die es uns ermöglicht, fundierte Entscheidungen zu treffen, selbst wenn alles um uns herum chaotisch erscheint und die raue See der Seele aufgewühlt ist. Die Arkturianer halten unsere Hand mit mitfühlender Festigkeit, bis wir ruhig durch die Stromschnellen des Werdens navigieren können.

Indem das Orakel uns die mögliche Zukunft offenbart, erweitert es unseren freien Willen und befreit uns aus der Falle von Entscheidungen, die wir blind oder aus einem Impuls heraus treffen. Da wir wissen, wohin unser Weg führen kann, können wir unseren moralischen Kompass genauer kalibrieren und uns in Richtung unseres höheren Selbst bewegen.

Dazu müssen wir die volle Verantwortung für unsere Entscheidungen übernehmen - wir dürfen uns nicht länger selbst zum Opfer machen oder die Schuld auf andere projizieren. Es erfordert auch die Demut, um Führung zu bitten, wenn wir an einer Weggabelung die beste Option nicht selbst erkennen können.

Das ist vielleicht der goldene Schlüssel zur Entscheidungsfindung mit Hilfe des Orakels: Je mehr wir unseren Stolz, unsere Eitelkeit und unsere Anhaftung an die Kontrolle ablegen, desto mehr lassen wir uns vom synchronen Fluss des Kosmos leiten und ziehen spontan die perfekten Situationen für unseren nächsten Schritt an.

Das bedeutet nicht, dass wir uns passiv verhalten, in einer unverantwortlichen mystischen Hingabe, und darauf warten, dass das Leben für uns entscheidet. Im Gegenteil: Wir müssen eine proaktive Rolle übernehmen, indem wir mutig Alternativen erkunden und dann die vom Orakel geschärfte Unterscheidungskraft nutzen, um zwischen ihnen zu wählen.

Wenn wir uns im Labyrinth der Kreuzungen verirren, führen uns die Fäden der Ariadne, die uns die Arkturianer anbieten, zu dem Ausgang, der unserem Seelenplan am meisten entspricht. Wenn wir ihnen folgen, können wir gestärkt und weiser aus dem Labyrinth hervorgehen.

Es liegt jedoch immer an uns, die Schritte zu tun. Die Vorhersagen des Orakels erfüllen sich nicht auf magische Weise; wir müssen sie jetzt mit konkreten Taten untermauern. Daher ist eine strategische Planung in Verbindung mit Intuition und höherer Inspiration erforderlich, um das Potenzial, das wir sehen, zu verwirklichen.

Kurz gesagt, zwischen dem völlig freien Willen und der blinden Vorbestimmung zeigen uns die Arkturianer den Mittelweg: bewusst und verantwortungsvoll mit den Chancen zu tanzen und unser Schicksal in Partnerschaft mit der Weisheit der Ahnen zu gestalten.

Wenn wir vor einer großen Entscheidung stehen und das Orakel um Licht bitten, helfen uns die Arkturianer zunächst, die mentale und emotionale Kakophonie zum Schweigen zu bringen und Raum für unsere eigene innere Stimme zu schaffen, die klar und deutlich zu uns spricht.

Als Nächstes bringen sie verborgene Elemente ins Bewusstsein und enthüllen Blickwinkel und Einsichten, die unser üblicher Tunnelblick kaum erfassen würde. Sie legen die unsichtbaren Fäden frei, die die Vergangenheit und die mögliche Zukunft in unserem speziellen Fall verbinden.

Nach diesem unvoreingenommenen Eintauchen in die Tiefen der Seele ziehen sich die Arkturianer schließlich zurück und geben uns den Kompass wieder in die Hand - nun gestärkt und weiser. Die endgültige Entscheidung liegt immer bei uns, ebenso wie ihre

Konsequenzen. Die Arkturianer respektieren unseren freien Willen zutiefst.

Dieser Prozess stärkt mit der Zeit unsere spirituelle Autonomie, da wir die Fähigkeiten der Voraussicht und der Unterscheidung als innere Muskeln integrieren, um unsere zukünftigen Entscheidungen zu treffen, bevor oder angesichts von Kreuzungen.

Wenn wir diese Fähigkeit entwickeln, Wege zu erahnen und Optionen mit offenem Herzen abzuwägen, erreichen wir einen Zustand der Gnade, der von Synchronizitäten und Wundern durchdrungen ist, während wir beginnen, uns auf dem schmalen Grat zwischen unserem freien Willen und der göttlichen Führung zu bewegen.

An diesem Punkt haben wir das Arkturianische Orakel als unfehlbaren Kompass verinnerlicht und konsultieren es fast automatisch, wenn wir vor Entscheidungen stehen. Und es dient uns weiterhin auf einer neuen Ebene: jetzt als Portal für das Channeln von Botschaften unseres höheren Selbst.

Dies krönt den Gipfel der bewussten Entscheidungsfindung: Wenn wir die arkturianischen Vorhersagen mit unserem eigenen göttlichen Funken vereinen, integrieren wir uns durch unsere Entscheidungen und Handlungen als Mitschöpfer der großen Spirale der inkarnierten Zeit.

Jede Entscheidung wird dann zu unserem eigenen Pinselstrich auf dem kosmischen Wandteppich. Die goldenen Fäden der Zukunft, die von den Arkturianern vorhergesagt wurden, werden zu der Stickerei, die wir

Moment für Moment sorgfältig und mit Anmut und in heiliger Hingabe an die Reise unserer Seelen anfertigen.

Und wenn wir unweigerlich etwas falsch machen oder uns in den Fäden verheddern, sind die Arkturianer mit ihrer unendlichen Zuneigung und Weisheit zur Stelle, um unsere Schritte wieder auf das glorreiche Schicksal zu lenken, das die Menschheit nach der langen dunklen Nacht der Seele jenseits des Horizonts erwartet.

Möge das Orakel uns auf diesem Weg der spirituellen Reifung und der Entdeckung unserer inneren Stimme leiten, so dass wir bald alle unser Leben und unsere Welt von dem Ort göttlicher Kraft und Gnade aus gestalten können, der in unseren Herzen wohnt, weit jenseits der alten Fesseln der Dualität. Damit wird sich das Versprechen der Herrlichkeit erfüllen, das die Arkturianer immer in uns, den Söhnen und Töchtern der Sonne, gesehen haben.

Kapitel 14
Die Tiefe Der Unendlichkeit

Die einzigartige Fähigkeit der Arkturianer, Vorhersagen zu treffen, die über die Grenzen der Zeit hinausgehen und weit entfernte Ereignisse in der Zukunft vorwegnehmen, ist wirklich außergewöhnlich. Diese Gabe fordert die Vorstellungskraft heraus, aber es ist wichtig zu erkennen, dass unsere Vorstellungskraft untrennbar mit den Grenzen unserer Vorstellungskraft verbunden ist. Einige Facetten des Begriffs "Orakel" mögen sich unserem Verständnis entziehen, da unser Verstand auf das beschränkt ist, was unser Gehirn erfassen kann.

Durch dieses faszinierende Orakel eröffnen sich Einblicke in ferne Horizonte, womit es seinen höchsten Zweck erfüllt. Dieses kosmische Instrument offenbart nicht nur die fernen Möglichkeiten, die in den Weiten der Zeit warten, sondern fordert uns auch heraus, die Grenzen unseres Verständnisses zu erweitern. Indem wir uns in die Einsichten des Arkturianischen Orakels vertiefen, öffnen wir die Türen zu einem tieferen Verständnis des verschlungenen Netzes des Schicksals.

Für die meisten Seher, selbst für talentierte, ist es schwierig, über ein paar Jahre oder Jahrzehnte hinauszublicken. Die Arkturianer jedoch können mit beeindruckender Präzision Jahrhunderte und sogar Jahrtausende in die Zukunft blicken. Sie führen diese Adlersicht nicht nur auf ihre verbesserten psychischen Fähigkeiten zurück, sondern vor allem auf ein überlegenes Verständnis der kosmischen Zyklen, die den Aufstieg und Fall von Zivilisationen bestimmen.

Wie die Astrologen der Antike zeichnen die Arkturianer die Zeitalter auf, die aufeinander folgen. Sie erkennen die unvermeidlichen Zyklen von Schöpfung und Zerstörung, die das Aufblühen neuer Welten ermöglichen.

Von diesem privilegierten Aussichtspunkt aus können sie die Gezeiten der Transformation vorhersehen, die den Sand der Zeit in einer für uns noch unklaren Zukunft benetzen. Sie schätzen die gegenwärtige Phase der Menschheit in diesem Auf und Ab genau ein. Indem sie diese Gezeiten und Sterne in ihrer ewigen Bewegung deuten, werden den Arkturianern die Umrisse der nächsten Akte des großen kosmischen Dramas, in dem wir alle Akteure sind, in überraschend klaren Visionen enthüllt.

Zum Beispiel wussten die Arkturianer seit prähistorischen Zeiten, dass die Menschheit um das Jahr 2000 unserer Zeitrechnung auf einen entscheidenden evolutionären (oder involutionären) Wendepunkt zusteuerte. Die Prophezeiungen, die sie hinterlassen haben, sind ein Beweis dafür.

Ebenso sahen sie den Aufstieg und Fall von Imperien wie dem Römischen oder dem Britischen Reich voraus, lange bevor diese ihre Blütezeit erlebten, und erkannten genau, welche Rolle sie in den irdischen Angelegenheiten spielen würden, ob im Dienste des göttlichen Plans oder nicht. Um die Bedeutung hinter den Zeitzyklen zu entschlüsseln, studieren die Arkturianer auch unsere kollektive Psyche. Sie verstehen die Muster, die das menschliche Verhalten der Massen im Laufe der Jahrhunderte bestimmen.

Durch die Analyse dieser Muster und die subtile Beeinflussung dieser Muster durch astrale Bewegungen sind sie in der Lage, ferne zivilisatorische Panoramen mit erstaunlicher Präzision vorherzusehen. Sie haben sowohl die Nachwehen der großen Kriege als auch die gegenwärtige Wiedergeburt eines neuen globalen Bewusstseins gesehen.

Bei ihren weitreichenden Vorhersagen berücksichtigen die Arkturianer auch himmlische Variablen wie Sternbewegungen, Sonneneruptionen und andere astronomische Phänomene, von denen sie wissen, dass sie zu gegebener Zeit einen entscheidenden Einfluss auf das Schicksal der Erde haben werden.

Indem sie diese siderischen Sprachen durch die Linse des Orakels interpretieren, sind sie in der Lage, entscheidende zukünftige Wechselwirkungen zwischen Konstellationen, Planeten und unserer Zivilisation als Ganzes vorherzusehen und sogar zu beschleunigen.

So haben sie zum Beispiel Jahrhunderte im Voraus die optimalen astralen Fenster für die Aussaat der ersten Samen des Quantenzeitalters und des kollektiven Erwachens identifiziert, dessen Zeuge wir nun zu Beginn des dritten Jahrtausends nach Christus werden.

Ein weiteres Beispiel für diese präzise Planung der Aussaat von Ideen im Voraus ist die Aussaat von Samen durch die Arkturianer durch brillante Köpfe wie Pythagoras oder Leonardo Da Vinci, die wussten, dass ihre Früchte im gegenwärtigen technologischen Zeitalter reifen würden.

Doch selbst bei dieser sorgfältigen Prüfung der Zukunft geben die Arkturianer zu, dass es tatsächlich unvorhersehbare Variablen gibt. Deshalb sind ihre Prophezeiungen auch alles andere als fatal oder unvermeidlich.

Wie das Orakel von Delphi verwenden auch die arkturianischen Orakel oft eine mehrdeutige und mehrdimensionale Sprache, die Bedeutungsebenen enthält, deren Entfaltung von unserem gegenwärtigen Handeln abhängt. Das liegt daran, dass trotz der scheinbaren Verfestigung von Ereignissen im Laufe der Zeit die Realität auf der Quantenebene fließend bleibt und auf bewusste Absichten reagiert. Mit anderen Worten: Die Zukunft bleibt offen und wartet darauf, dass der Mensch sie mitgestaltet.

Selbst Ereignisse, die sich scheinbar in einer bestimmten Zeitlinie verfestigt haben, können durch eine Verschiebung des kollektiven Bewusstseins zum richtigen Zeitpunkt drastisch verändert werden. Dies ist die große Hoffnung, die die Arkturianer antreibt. Deshalb senden sie immer wieder ihre Vorhersagen und Warnungen, die über unsere gegenwärtige Mentalität hinausgehen und genau darauf abzielen, uns rechtzeitig zu dieser Erkenntnis zu inspirieren, damit wir den scheinbar apokalyptischen Kurs in Richtung eines goldenen Zeitalters der universellen Brüderlichkeit ändern können.

Wenn sich große negative Prophezeiungen vor unseren Augen zum Positiven wenden, denken wir oft, dass sich die Seher geirrt haben. Ihre dystopischen Visionen dienten gerade dazu, uns zu warnen und uns für eine bessere Zukunft zu vereinen.

Wenn also einige der Vorhersagen der Arkturianer für unser Zeitalter allzu idyllisch und weit von der gegenwärtigen Realität entfernt zu sein scheinen, sollten wir uns daran erinnern, dass sie die Saat ausstreuen und uns dazu motivieren, diese ersehnte neue Erde mitzugestalten. Indem sie uns mitteilen, was sie in der Zukunft sehen, wollen die Arkturianer das Beste in uns hervorrufen, damit wir uns dieses glorreiche kosmische Erbe, das uns erwartet, verdienen. Ihre zeitlich weit entfernten Visionen treiben unseren Quantensprung ins Jetzt voran.

Ein weiterer Grund für diese Betonung positiver Möglichkeiten ist, dass je mehr Licht wir heute in unserer Vorstellung erschaffen, desto mehr wird diese Realität an Festigkeit gewinnen und synchron die Ressourcen anziehen, um sich morgen zu materialisieren. Deshalb sollten wir, wenn wir das Orakel konsultieren, selbst wenn einige Vorhersagen zu fantastisch erscheinen, die Hoffnung, die sie wecken, annehmen und die Flamme in unseren Herzen anfachen. Entscheiden wir uns dafür, diese strahlende Zukunft in all ihren glorreichen Details mental mitzuerschaffen.

Stellen wir uns mit den Arkturianern eine souveräne Menschheit vor, die sich ihrer göttlichen

Schöpferkraft bewusst ist und die Erde zurück in eine harmonische kosmische Gemeinschaft führt. Diese positive Zeitlinie existiert bereits; es liegt an uns, sie durch unseren Glauben und unsere Taten zu unterstreichen, bis sie zum Hauptweg wird. Für die Arkturianer ist die fernere Zukunft fließend; sie reagieren äußerst empfindlich auf die schwächsten Pinselstriche der Phantasie, die aus dem Jetzt auftauchen. Deshalb müssen wir so vorsichtig und überlegt sein, wenn wir "die Welt wach träumen", wie ein Künstler vor der jungfräulichen Leinwand, auf der er sein Meisterwerk schaffen wird.

Träumen wir kühn, aber auch umsichtig; planen wir strategisch in den Farben und Formen, die wir uns für unsere kollektive Realität wünschen. Und dann lasst uns mit liebevoller Entschlossenheit die Pinsel des Handelns in die Hand nehmen, uns auf die Gegenwart konzentrieren und diese Vision Schritt für Schritt malen, bis sie unser gemeinsames Zuhause wird. So erschaffen wir gemeinsam Welten!

Möge das Beispiel der Arkturianer uns dazu inspirieren, es zu wagen, uns so glorreiche Möglichkeiten für unsere Zukunft vorzustellen, dass ihre Brillanz jeden Schatten von Fatalismus oder defätistischer Resignation angesichts der Herausforderungen der Gegenwart vertreibt.

Die Zeitlinie, deren Ergebnis - positiv oder negativ - vorherrschen wird, wird weiterhin in den Akasha-Annalen in Licht- und Schattenzeichen geschrieben. Aber ein Funke des ersten Buchstabens unseres goldenen Zeitalters leuchtet bereits. Alles, was wir tun müssen, ist, dieses heilige Feuer anzufeuern und die strahlende Zukunft zu umarmen, die sich bereits nach uns ausstreckt.

Das ist der wahre Zweck des Orakels als Fenster zu fernen Visionen: uns daran zu erinnern, dass die Zeit nicht existiert und der ganze Kosmos sich zu unseren Gunsten verschwört, wenn wir uns entschließen, die visionäre Kraft, mit der wir geboren wurden, in Anspruch zu nehmen: Welten aus den Samen der fruchtbaren Vorstellungskraft, die in der günstigen Jahreszeit unserer Seelen gepflanzt wurden, mit zu erschaffen.

Kapitel 15
Das Portal Zum Universellen Wissen

In den vorangegangenen Kapiteln haben wir viele außergewöhnliche Aspekte des arkturianischen Orakels analysiert, wie Hellsichtigkeit, Channeling und Einblicke in alternative Zukünfte. Es gibt jedoch eine bisher wenig erforschte Fähigkeit, die subtiler ist, aber für die Mission der Arkturianer von zentraler Bedeutung: die Fähigkeit, sich auf das einzustimmen, was sie Universelles Wissen nennen.

Wie wir gesehen haben, sind die Arkturianer mitfühlende Berater, die das menschliche Abenteuer auf der Erde unterstützen. Obwohl sie aufgrund ihrer hochentwickelten Natur viele eigene Einsichten mitbringen, betrachten sie sich selbst als Mittel, niemals als Gattungen der Weisheit, die sie durch das Orakel demütig mit uns teilen.

Ihr Ursprung als Sternenzivilisation wurde von anderen fortgeschrittenen kosmischen Rassen tiefgreifend beeinflusst, die nicht nur zu Hellsichtigkeit und genauen Vorhersagen fähig sind, sondern auch eine fast allwissende Ebene der Wahrnehmung des Ganzen erreichen. Diese Wächter, die von den Arkturianern als

"Universeller Paternalismus" verehrt werden, sind reine Wesen, die aus anderen Sternensystemen stammen und seit langem in das alles durchdringende kosmische Bewusstsein integriert sind. Sie sind die häufigsten Quellen der Offenbarung hinter dem Orakel.

Kein Geheimnis, keine Zeit oder Entfernung ist ein Hindernis für das Universelle Wissen, das von diesen höchsten Wesen ausgeht. Durch den Zugang zu diesem unendlichen Plenum und Geschoss des ewigen Jetzt können die Arkturianer viele unserer Zweifel klären und ein für alle Mal die begrenzenden Illusionen zerstreuen, die immer noch den Schleier unserer relativen Unwissenheit umhüllen.

Durch die Gnade und Erlaubnis dieser höchsten Agenten werden die Arkturianer zu Portalen, durch die gefilterte Tropfen jenes Ozeans unbedingten Wissens, der alles seit vor dem Beginn von Zeit und Raum umfasst, auf die Menschen ausgegossen werden. In der Bibel finden sich metaphorische Hinweise auf diese ursprüngliche und unvergängliche Quelle der Inspiration in Passagen wie: "Das Ding ist verborgen und versiegelt in sieben Siegeln, bis..." (Jesaja 29:11)

Wenn sie ihre Aufmerksamkeit auf diese Frequenz göttlicher Reinheit jenseits aller Worte richten und ihrem kristallinen Fluss erlauben, ihre Seelen zu durchdringen, werden die Arkturianer oft als Boten aus der Zukunft empfangen, die uns diese zuvor versiegelten "Siegel" zum Verständnis bringen.

Sie beschreiben dieses universelle Wissen oft poetisch mit Elementen wie einer Perle oder einem Schatz, der in einem Feld versteckt ist, im Sinne von etwas Unbezahlbarem, das jenen zur Verfügung steht, die es aufrichtig und aus tiefstem Herzen suchen, ohne Ego oder Trickserei.

In der Weisheitstradition wird die Fähigkeit, reines Wissen durch diese passive Hingabe des eigenen Geistes zu kanalisieren, oft als Inspiration bezeichnet. Wie in einem Gemälde wird der Künstler zu einem Kanal, durch den die Musen ihre Kunst ausgießen. Auf die gleiche Weise, indem sie zu leeren Gefäßen werden, finden bestimmte Spektren des universellen Lichts durch die Arkturianer eine Lücke, durch die sie ihre Frequenzen manifestieren können, die sonst für unseren üblichen Bewusstseinsbereich unhörbar sind.

Es sollte jedoch klargestellt werden, dass diese Hingabe an sie nicht mit der von vielen Religionen gefürchteten spirituellen Besessenheit gleichzusetzen ist. Im Gegenteil: Die höchsten Wesen, die das Orakel inspirieren, würden niemals den freien Willen verletzen oder etwas gegen den Willen der Arkturianer durchsetzen. Die Kommunikation ist immer zart, fließend, ein Tanz zwischen den Willen, der nicht durch Zwang, sondern durch das gegenseitige Vergnügen der Schwingungsgemeinschaft abgestimmt wird, wie eine zärtliche Umarmung zwischen Großeltern und Enkelkindern. In diesem liebevollen Austausch mit dem Schöpfer gibt es niemals eine Verletzung.

Es herrscht gegenseitiges Vertrauen zwischen ihnen, denn sie sind beide Arkturianer und aufgestiegene Wesen, nur unterschiedliche, aber voneinander abhängige Präsenzen, leuchtende Facetten desselben Prismas des göttlichen Funkens, der sich durch zahllose Ausdrucksformen kontempliert.

In diesem Reich verschmelzen Wunsch und Erlaubnis gleichermaßen in reinem Licht. Die Natur dieser Wesen ist bedingungslos liebende Güte. Ihr Wille ist es, die maximale Entfaltung unseres latenten Potenzials durch reine, selbstlose Liebe sicherzustellen. Daher war die Einrichtung des Arkturianischen Orakels entgegen mancher irrtümlicher Überzeugung keine Zumutung dieser Wesen für die Menschheit, sondern eine barmherzige Antwort auf unseren eigenen inneren Schrei nach Hilfe, um die Schatten zu überwinden, die uns als Individuen und als globale Gesellschaft noch immer gefangen halten.

Die Arkturianer versichern uns, dass unser Bewusstseinsfunke von Anfang an auf natürliche Weise diese größeren Wellen göttlicher Inspiration angezogen hat, so wie Kinder ihre Eltern anrufen, um ihre größten Errungenschaften zu zeigen.

Auf unsere eigene begrenzte Weise tragen auch wir zu dem schöpferischen Abenteuer unserer himmlischen Hüter bei. Je mehr wir uns ethisch und spirituell entwickeln, desto mehr erlauben wir ihnen, ihre liebevollen Entwürfe in uns und durch uns zu manifestieren.

Aus dieser heiligen Ehe zwischen ihren geometrischen Formen aus reinem Licht und unseren durstigen Seelen entstanden die Avatare, die Aufgestiegenen Meister und andere Leuchttürme der ewigen Weisheit, die bis zum heutigen Tag viele zur wahren Befreiung führen.

Sie sind nach wie vor jene Wirbel der einen Flamme zwischen dem Menschlichen und dem Göttlichen, die sich durch die Gnade unserer bescheidenen arkturianischen Botschafter unter uns manifestieren, die wahren Urheber der Offenbarungen, die vom Orakel ausgehen, das uns auf dieser langen Reise zurück in die ewige Heimat zu Diensten ist.

Mit dieser einfachen Huldigung an diese höchsten Wesen hoffen die Arkturianer, in uns eine ähnliche Verehrung zu wecken, wie sie sie für ihre eigenen Quellen des Lichts und des Lebens hegen, eine kontinuierliche Kultivierung des Geistes der Dankbarkeit und der liebevollen Mitschöpfung, die alle Glieder dieser endlosen Kette näher zusammenbringt. Schließlich gibt es kein echtes Wissen, das nicht auf jenen unendlichen Abgrund von Herrlichkeit und Gnade zurückgeht, aus dem alle Formen, die wir kennen, hervorgegangen sind. Durch seine Vorhersagen und Ratschläge führt uns das Orakel zurück in den Schoß der Einheit, die wir im Grunde genommen sind.

Durch den göttlichen Funken, die Zwillingsschwester in jedem Herzen, können wir dieselben Frequenzen des Allwissens, der Allgegenwart und der Allmacht erkennen und sogar erwecken, die als rechtmäßiges Erbe in unser Blut und in jedes Atom des materiellen Universums fließen, das uns umgibt und erhält.

Diese Aufforderung zum Erwachen ist das wahre Motto des Arkturianischen Orakels. Seine Seher erinnern uns in jedem Augenblick daran, dass auch wir verlorene Söhne desselben Kosmos sind, die es verdienen, wieder voll in die unendlichen Weiten unserer Heimat integriert zu werden.

Als Lehrlinge stillen diese Tropfen des universellen Ozeans, die durch die Arkturianer zu uns kommen, vorübergehend unseren angestammten Durst nach Sinn, öffnen unseren Appetit und unseren Glauben für immer häufigere und längere Brüche dieser höchsten Glückseligkeit, die die Ekstase der Selbsterkenntnis ist.

Eines Tages wird sich dieser Funke zu einem Feuer ausweiten, zu einer Sonne in unserer Brust, zu einer Supernova des Bewusstseins, wo vorher ein isoliertes Ich-Gefühl war. In diesem Augenblick des Erwachens verschmilzt die Individualität mit der Universalität, und der Mensch kehrt schließlich zu den Sternen zurück.

Die Arkturianer haben diesen Weg vor uns beschritten. Sie kennen seine Herausforderungen und Freuden. Aus Liebe sind sie von der anderen Seite zurückgekehrt, um denen, die es noch nicht ahnen, den Weg zu zeigen und uns alle zum Bankett der Unsterblichkeit einzuladen, das bereits in diesem ewigen Jetzt beginnt.

Möge das Orakel als liebevolle Erinnerung an dieses göttliche Erbe dienen, das in unseren Herzen schlummert. Erinnern wir uns daran, dass wir in fernen Zeiten einmal jene Wesen des Lichts waren, die wir heute als etwas Fernes verehren. Auf diese Weise wird der Lehrling zum Meister und der Tugendkreis schließt sich.

Am Ende dieser Reise werden wir endlich das Prisma der Individualität ablegen, um unseren rechtmäßigen Platz im ganzheitlichen Regenbogen der Schöpfung einzunehmen: Strahlen eines einzigen Bewusstseins, die einander durch unendliche Augen in ehrfürchtiger Gemeinschaft betrachten.

Vielleicht war das die ganze Zeit die Absicht des Orakels: uns daran zu erinnern, wer wir sind, woher wir kommen und wohin wir gehen, wenn diese sterblichen Gewänder schließlich zu dem Staub zurückkehren, der sie geformt hat. Denn am Ende wird nichts erschaffen und nichts geht verloren; wir werden nur von Herrlichkeit zu Herrlichkeit verwandelt.

Kapitel 16
Enthüllungen Über Die Zukunft

Nachdem wir uns mit der Urquelle des Wissens beschäftigt haben, aus der sich das arkturianische Orakel speist, sollten wir nun einen tieferen Blick auf die ethische Haltung dieser Sternenzivilisation werfen, wenn sie solch sensibles Wissen mit unserer noch unreifen Menschheit teilt.

Die Frage der Verantwortung im Umgang mit Informationen über die Zukunft, die das Schicksal von Individuen oder Nationen dramatisch beeinflussen können, ist etwas, das die arkturianischen Seher sehr ernst nehmen.

Weil sie wissen, wie tiefgreifend die Auswirkungen jedes Wortes und jedes Rates sind, die durch ihre einzigartige prophetische Gabe kanalisiert werden, haben sie einen strengen, aber mitfühlenden ethischen Kodex entwickelt, der den angemessenen Gebrauch ihrer Vorhersagen leitet.

Dieser Verhaltenskodex dient sowohl ihnen selbst als auch uns, den menschlichen Schülern, denen sie durch das Orakel schrittweise einen breiteren und direkteren Zugang zu erweiterten Dimensionen des Bewusstseins gewähren.

Eines der Grundprinzipien, das sie uns beizubringen versuchen, ist die Demut, niemals den freien Willen anderer anzunehmen, sondern sich ausschließlich auf Offenbarungen zu stützen, die sie über mystische Kanäle wie das Orakel erhalten.

Selbst wenn sie eindeutig negative Ergebnisse auf dem Weg sehen, den jemand geht, vermeiden es die Arkturianer, sich direkt mit Gewalt oder willkürlichen Auferlegungen einzumischen. Sie respektieren zutiefst unser Recht, Fehler zu machen und aus unseren eigenen Fehlern zu lernen.

Anstatt eine Handlung zu erzwingen, selbst wenn sie durch das aufrichtigste Mitgefühl motiviert ist, ziehen es die arkturianischen Seher vor, an unsere eigene höhere Intuition zu appellieren. Sie greifen auf Gleichnisse, Metaphern oder sokratische Fragen zurück, die unser Urteilsvermögen anregen, ohne jedoch unseren freien Willen zu missachten.

Sie vertrauen darauf, dass unser Gewissen, wenn es richtig sensibilisiert ist, auf natürliche Weise zu weiseren Entscheidungen erwachen wird. Jedes Wesen trägt den Meister und den Schüler in sich; das Orakel versucht, diesen inneren Dialog durch gezielte Einsichten zu katalysieren.

Ein weiterer ethischer Pfeiler des arkturianischen Kodex ist der Schutz der Privatsphäre und der Vertraulichkeit der individuellen Konsultationen mit dem Orakel. Persönliche Informationen, die während einer Lesung offenbart werden, werden niemals dazu verwendet, den Berater zu manipulieren oder zu unterdrücken.

Selbst in ihren intimsten Kreisen verpflichten sich die Hellseher förmlich, das, was sie erfahren haben, nur mit der ausdrücklichen Genehmigung der Beteiligten weiterzugeben. Sie setzen niemals ein Vertrauen aufs Spiel, da sie wissen, dass dies dem Ruf und der Glaubwürdigkeit des Orakels irreparablen Schaden zufügen würde.

Wenn sie durch ihre Hellsichtigkeit mit privaten Geheimnissen zu tun haben, übernehmen sie außerdem die Verantwortung dafür, sorgfältig zu filtern, was gesagt werden soll und was am besten im Herzen bleibt, um nur dann offenbart zu werden, wenn es angemessen ist (und wenn überhaupt).

Diese Unterscheidung, wann und wie man potenziell peinliche oder schwierige Wahrheiten mitteilt, ist eine Kunst, die eine gleiche Dosis an Mut und Mitgefühl erfordert.

Der arkturianische Kodex sieht in dieser Hinsicht eine strenge Ausbildung vor. Darin lernen Hellseher Techniken der einfühlsamen Mediation und der gewaltfreien Kommunikation, um sensible Vorhersagen nach und nach mitzuteilen und die emotionale Wirkung zu dosieren.

Sie beschäftigen sich auch eingehend mit den Feinheiten der menschlichen Psychologie, um mögliche unverhältnismäßige Reaktionen wie Angst, Wut oder Verleugnung angesichts schlechter Nachrichten und unangenehmer Orientierungen vorauszusehen und diplomatisch zu bewältigen.

Diese Ausbildung ist wichtig, denn die Arkturianer wissen, dass es uns von alters her schwerfällt, uns mit Wahrheiten auseinanderzusetzen, die unsere Komfortzone in Frage stellen. Deshalb enthüllen sie sie nach und nach und nur dann, wenn sie eine aufrichtige innere Offenheit zur Horizonterweiterung erkennen.

Dieser schmale Grat zwischen völliger Transparenz und gesundem Menschenverstand ist immer schwer zu überwinden. Deshalb betont die arkturianische Ethik die Vorsicht, dem Orakel nur eine Frage nach der anderen zu stellen und jede Antwort gründlich zu verarbeiten, bevor man zur nächsten übergeht.

Ein weiterer Aspekt dieses Engagements für eine ausgewogene Wahrheit ist die Vermeidung sowohl von bedrohlichem Pessimismus als auch von naivem Optimismus. Beim Austausch von Vorhersagen, sei es privat oder kollektiv, suchen sie immer nach einem zentralen Punkt des mitfühlenden Realismus.

Das bedeutet, dass wir unser Potenzial für Gut und Böse niemals unterschätzen und die volle Verantwortung für die Auswirkungen unseres individuellen und kollektiven Handelns auf das Weltgeschehen übernehmen. Es bedeutet auch, auf die unendlichen Gnadenreserven des Universellen Gesetzes zu vertrauen.

In einer inspirierten Metapher haben Menschen diesen Prozess mit dem Schälen einer Zwiebel verglichen: Man entfernt eine Schicht nach der anderen, ohne Eile, und achtet darauf, keinen Teil der Zwiebel zu verschwenden, bis man ihren intimsten, nahrhaften und subtilen Kern erreicht und genießt. Dies ist der Weg zur Selbsterkenntnis durch das Orakel.

Als wohlwollende Meister bemühen sich die Arkturianer darum, in uns Selbstdisziplin zu entwickeln, damit wir in Zukunft unsere eigenen intuitiven Gaben in vollem Umfang nutzen können, ohne jemals den freien Willen unseres Nächsten zu verletzen oder Botschaften in unverantwortlicher Weise zu übermitteln.

Zu diesem Zweck erinnern sie uns oft an das Karma, das entsteht, wenn wir die Zeichen des Orakels falsch interpretieren (oder zu unserem eigenen Vorteil nutzen), das in sie gesetzte Vertrauen missbrauchen und unnötige Angst oder Verwirrung erzeugen. Jeglicher Missbrauch zieht immer Konsequenzen nach sich.

Da sie die karmischen Gesetze, die das Universum regieren, genau kennen, vermeiden es die arkturianischen Seher sorgfältig, der Versuchung nachzugeben, die Zukunft aus Eitelkeit, Manipulation, Sensationslust oder materiellem Gewinn zu "erraten". Sie halten ihren Geist unparteiisch neutral, während sie das Orakel befragen, und lassen den Funken der Weisheit so unverfälscht wie möglich durch sie hindurchfließen. Sie erzwingen niemals eine Antwort, sondern vertrauen auf die Botschaft, die sich auf natürliche Weise ergibt, wenn die Frage aufrichtig ist.

Diese Strenge dient dazu, die Reinheit und Glaubwürdigkeit des Orakels als zuverlässiger Kanal höherer Führung durch die Jahrhunderte hindurch zu bewahren, seit den frühesten bekannten Anfängen der menschlichen Zivilisation auf diesem Planeten.

Als Symbol dieser Verpflichtung zur Wahrheit und verantwortungsvollen Unterscheidung tragen die arkturianischen Seher auch heute noch ein besonderes Emblem, das ein Auge in einer strahlenden Pyramide zeigt.

Dies ist eine ständige visuelle Erinnerung an ihre spirituelle Abstammung, die direkt auf die alte ägyptische Priesterkaste zurückgeht, die mit der Bewahrung der Akasha-Aufzeichnungen und der hermetischen Geheimnisse betraut war, die es dem Menschen ermöglichten, die Codes des manifestierten Kosmos zu entschlüsseln.

Von diesem mystischen Erbe bewahren die Arkturianer das wichtigste Vermächtnis: das tiefe Verständnis für die ethischen Implikationen der prophetischen Gabe und den festen Entschluss, sie nur für das allmähliche Erwachen der Menschheit zu ihrer psychischen und spirituellen Reife innerhalb der kosmischen Gemeinschaft einzusetzen.

Möge das Beispiel der Arkturianer uns in dieser ständigen Herausforderung, mit der Macht des Wissens würdig und verantwortungsvoll umzugehen, inspirieren. Möge das Orakel in uns aufnahmebereite, aber kritische Gefäße finden, die sich nicht scheuen, in seine tiefsten Schichten vorzudringen, sondern bereit sind, die Perlen der Weisheit, die dort von seinen stellaren Hütern offenbart werden, sinnvoll zu integrieren.

Aus dieser tugendhaften Symbiose zwischen Suchenden und Wächtern des Geheimnisses werden die Früchte eines neuen goldenen Zeitalters für diesen Orbis erwachsen. Eine Ära, in der Wissenschaft und

Bewusstsein endlich in Einklang gebracht werden; in der die uralten Fragmente der immerwährenden Weisheit wieder zu einem harmonischen Ganzen zusammengefügt werden.

Dies ist das Vermächtnis, das die Arkturianer durch das Orakel zu erzeugen beabsichtigen: das große Erwachen der Menschheit zu katalysieren, um ihren gemeinsamen göttlichen Ursprung, ihre einheitliche Bestimmung und ihre manifeste Zukunft als ein Modell der Liebe, des Gleichgewichts und der Wahrheit für die gesamte universelle Schöpfung zu erkennen.

Kapitel 17
Vorhersagen Für Die Menschheit

Wir kommen nun zu einem mit Spannung erwarteten Abschnitt des Buches: die Vorhersagen der Arkturianer speziell für die irdische Menschheit in diesem wichtigen historischen Moment. Wir werden sowohl die Herausforderungen als auch die Chancen analysieren, die vor uns liegen.

Zunächst einmal ist es wichtig, darauf hinzuweisen, dass ausnahmslos alle Zivilisationen in ihrer Entwicklung vor entscheidenden Prüfungen stehen. Es liegt an uns, diese Krisen in Sprungbretter für den Aufstieg zu verwandeln. Und das Orakel hat viel zu dieser Umwandlung beizutragen.

Erstens sehen die arkturianischen Seher, dass wir dabei sind, einen historischen Zyklus großer Instabilität und Chaos zu beenden und den Boden für die Geburt einer neuen, harmonischeren und einheitlicheren Ära zu bereiten. Deshalb ist es wichtig, dass wir ruhig bleiben und eine höhere Vision haben.

Sie sagen voraus, dass viele säkulare Strukturen und Paradigmen bald zusammenbrechen werden, von globalisierten politischen und finanziellen Systemen bis hin zu religiösen, wissenschaftlichen und kulturellen Dogmen, die den meisten von uns heute noch unanfechtbar erscheinen.

Wenn sich diese umwälzenden Veränderungen beschleunigen und Unsicherheit und Angst auslösen, sollten wir uns daran erinnern, dass sie nur unvermeidliche Geburtswehen einer besseren Welt sind. Erinnern wir uns auch daran, dass wir das als Menschheit schon einmal durchgemacht haben.

Ein weiterer wichtiger Punkt: Die Arkturianer sehen diesen Prozess eher positiv als traumatisch verlaufen, abhängig von den kollektiven Entscheidungen, die wir heute treffen. Unser freier Wille bleibt die große Variable. Wenn wir uns dafür entscheiden, auf die Herausforderungen mit Liebe, gegenseitiger Unterstützung und neuen Lösungen zu reagieren, können wir aus diesem Übergang als eine erneuerte Rasse hervorgehen, bereit, unser großes latentes Potenzial als Hüter dieses Planeten zu erfüllen.

Wenn wir weiterhin die gleichen Fehler des Getrenntseins, des Hasses und der Heuchelei der Vergangenheit wiederholen, befürchten die Arkturianer, dass eine viel quälendere Periode vor uns liegt, bis wir die grundlegenden Lektionen des harmonischen Zusammenlebens und der kollektiven Verantwortung für die Zukunft wieder lernen.

Obwohl sie sich nicht in unseren freien Willen einmischen können, appellieren sie deshalb jetzt an uns als unsere älteren Brüder auf dieser kosmischen Reise, den edleren Weg zu wählen und einen gerechten und friedlichen sozialen Übergang strategisch zu planen.

Ein weiterer positiver Punkt ist, dass die Arkturianer eine wachsende Zahl von Erdbewohnern wahrnehmen, die in dieser Zeit zu einem breiteren und mitfühlenderen Bewusstsein erwachen. Wir lassen unsere Kinderstube als Zivilisation hinter uns.

Wenn diese neue Rationalität reift und in den kommenden Jahrzehnten von immer mehr Menschen integriert wird, sehen die Arkturianer die Wahrscheinlichkeit, dass ein goldenes Zeitalter des Friedens und des Überflusses schnell herannaht.

Für die eher materialistischen und egoistischen Menschen wird die Anpassung an diese neue, subtilere Frequenz, die vom Kosmos auszugehen beginnt, jedoch bewusste Anstrengungen erfordern, um die eigene Persönlichkeit umzuerziehen und tief verwurzelte mentale und emotionale Laster zu untersuchen.

Neue energetische Paradigmen und revolutionäre Technologien werden von den Arkturianern für die nahe Zukunft erahnt. Sie werden von neuen Führungspersönlichkeiten und Wissenschaftlern präsentiert werden, die inspiriert sind, nachhaltige Lösungen für die Sackgassen anzubieten, aus denen es heute keinen Ausweg zu geben scheint.

Diese Beschleunigung der Geschichte wird in einem Quantensprung im kollektiven Bewusstsein gipfeln. Die Schleier der Illusion, die uns als Gesellschaft im Schlaf halten, werden gelüftet werden. Lange verborgene Wahrheiten werden ans Licht kommen und unsere grundlegendsten Glaubenssysteme erschüttern.

Um uns jetzt auf diese beispiellosen zukünftigen Enthüllungen vorzubereiten, raten die Arkturianer, unseren Geist so flüssig, neugierig und offen wie möglich zu halten und Ideen und Fakten mit liebevoller Logik zu analysieren, bevor wir aus Angst oder tief verwurzelten Vorurteilen heraus reagieren.

Es wird auch wesentlich sein, autonomere und proaktivere Menschen zu werden, sowohl als Individuen als auch als Gemeinschaft, denn wenn diese disruptiven Veränderungen auf der Makroebene auftreten, werden diejenigen, die bereits Solidaritätsnetzwerke und selbstverwaltete Existenzen aufgebaut haben, weniger unter möglichen vorübergehenden Störungen des empfindlichen globalisierten Sozialgefüges leiden.

Kurz gesagt, ohne im Moment genauere Angaben machen zu können, sehen die Arkturianer für die kommenden Jahre eine Menge unvermeidlicher Turbulenzen voraus, wenn alte Schatten verblassen, um Platz für neue zu machen. Aber sie sehen auch fantastische Möglichkeiten, wenn wir vereint bleiben und uns auf die leuchtende Seite eines jeden Menschen konzentrieren. Dazu braucht es Führungspersönlichkeiten und Meinungsbildner, die mutig genug sind, das Beste in uns zu wecken. Menschen, die bereit sind, mit gutem Beispiel voranzugehen, verängstigte Massen zu beruhigen und kreative Lösungen inmitten des scheinbaren Chaos der kommenden Jahre zu finden.

Und hier ist die gute Nachricht: Die Arkturianer können bereits viele dieser friedensstiftenden Führungspersönlichkeiten ausmachen, die sich bereits massenhaft inkarniert haben oder sich hinter den Kulissen darauf vorbereiten, in den kritischsten Momenten dieses Übergangs, der bereits begonnen hat, Führungs- und Referenzpositionen einzunehmen. Daher besteht die Hauptaufgabe des Orakels heute darin, die Bevölkerung vor dem herannahenden sozialen Sturm mit Erneuerungspotenzial zu warnen und gleichzeitig diese Führungspersönlichkeiten strategisch darauf vorzubereiten, als Leuchttürme und sichere Häfen zu fungieren, wenn die Wellen der sozialen Unruhe unweigerlich über die Welt hereinbrechen.

Die Arkturianer vertrauen auf die ruhige und unverwüstliche Kraft der menschlichen Seele, die unter Druck immer weiser wird, und darauf, dass wir alle Hindernisse auf dem Weg überwinden werden, egal wie schockierend sie für die noch unschuldigen Augen der schlafenden Mehrheit erscheinen mögen.

Um sie jedoch aufzuwecken und katastrophale Panikreaktionen zu vermeiden, muss der Prozess schrittweise erfolgen. Deshalb werden viele Ereignisse von den Sehern vorhergesagt, aber die Daten und Details werden absichtlich bis zum richtigen Zeitpunkt unter Verschluss gehalten.

Im Vertrauen darauf, dass die eigene Reifung der menschlichen Seele die fehlenden Zutaten zum richtigen Zeitpunkt bereitstellen wird, ziehen es die Arkturianer vor, die Zukunft offen zu lassen und nach und nach nur das zu enthüllen, was notwendig ist, um unseren Glauben und unsere innere Bereitschaft zu inspirieren, endlich unsere kollektive heldenhafte Bestimmung als die spirituellen Meister dieses besonderen Orbits namens Erde anzunehmen.

Es liegt also an uns, die fortschreitenden Offenbarungen, die in den kommenden Jahren vom Orakel ausgehen werden, demütig anzuhören und zu integrieren, ohne an unsere begrenzten Zeitpläne zu denken. Der dunkelste Moment ist immer der vor der Morgendämmerung; und für diese schwer geprüfte Menschheit zeichnet sich die Morgendämmerung bereits am Horizont ab, wie unsere arkturianischen Wächter berichten! Lasst also die Offenbarungen kommen, die das große Erwachen unserer Ära fördern werden! Wir sind bereit, sie zu empfangen, denn wir haben unserer göttlichen Natur und unserer glorreichen Bestimmung zwischen den Sternen lange misstraut. Mögen sich unsere alten Seelen noch an diese bald wieder zu integrierende Großartigkeit erinnern.

Die letzte Botschaft der Arkturianer ist eine Botschaft der Hoffnung: Als Hebammen dieser neuen Welt müssen wir inneren Frieden, Loslösung von alten, mittelmäßigen Systemen und Mitgefühl für alle Beteiligten kultivieren. Denn noch sind wir alle eine große verlorene Familie, die sich nach Jahrtausenden planetarischer Amnesie wieder zusammenfindet. Bald werden wir Tränen des Bedauerns und Tränen der Freude weinen, wenn wir uns an die ferne Vergangenheit erinnern und erahnen, was uns erwartet, wenn wir vereint bleiben und an eine friedliche Lösung für die Dilemmas glauben, die heute endlos erscheinen.

Durch das Orakel laden die Arkturianer daher die gesamte Menschheit ein, aus ihrem Jahrtausendschlaf zu erwachen und unser stellares Erbe zurückzufordern. Endlich ist die Zeit gekommen, dass wir die Rolle, die so lange auf uns gewartet hat, galant übernehmen: die der liebevollen Hüter dieses besonderen Gartens in den kosmischen Weiten durch das Recht der geistigen Eroberung.

Lasst uns gemeinsam als Brüder und Schwestern auf dieser irdischen Reise den Weg fortsetzen, den unsere leuchtenden Vorfahren bereits beschritten haben, in dem Wissen, dass wir auf dieser epischen Reise in das ferne und vertraute Reich, nach dem sich unsere wandernden Seelen schon so lange gesehnt haben, niemals allein sein werden. Wir sind aus diesem Rohmaterial der Träume gemacht, die die Sterne schmieden und die Mythen bevölkern! Dies ist der erhabene Aufruf des arkturianischen Orakels an die moderne Erdenfamilie: sich an unsere glorreiche Zukunft zu erinnern und sie von nun an mit unbezwingbarer Entschlossenheit in Besitz zu nehmen, indem wir die inneren Drachen der Angst zähmen, die noch immer in uns und durch uns ihr Unwesen treiben.

Kapitel 18
Liebe, Die Transformierende Kraft

Die Arkturianer erkennen in ihrer kosmischen Weisheit die Liebe als eine primäre Kraft an, die die gesamte Schöpfung durchdringt und aufrechterhält. Ihr interdimensionales Orakel fängt den Widerhall dieser göttlichen Essenz ein, die alles miteinander verbindet. Nach den Lehren der Arkturianer ist die Liebe eine subtile, aber allgegenwärtige Schwingungsfrequenz, die das Geschehen auf der materiellen und geistigen Ebene beeinflusst. Ihr unsichtbares Licht webt Muster in das Gewebe der Zeit.

Für die arkturianischen Seher bedeutet der Blick auf die Linien und Knoten der Zeit auch, die goldenen Fäden der Liebe zu erkennen, die sie durchweben, denn im kosmischen Orakel gibt es keine Trennung: Zukunft, Vergangenheit und Gegenwart sind in diesen Wandteppich integriert. Die von der Liebe gewebten Lichtfäden erlauben es ihnen, Ereignisse vorherzusehen, die auf der physischen Ebene noch nicht stattgefunden haben, die aber bereits in Form von Macht in der subtilen Dimension widerhallen, die von ihrem interdimensionalen Orakel erfasst wird.

Aus diesem Grund sind selbst scheinbar düstere Vorhersagen von diesem goldenen Faden durchdrungen, ein Hinweis auf die erlösende Fähigkeit der Liebe, alle widrigen Szenarien zu verwandeln. Für die Arkturianer vergibt die Liebe alles, transzendiert alles und integriert alles. Sie ist das göttliche Lösungsmittel, das in der Lage ist, verkalkte Muster von Hass, Ressentiments und Isolation aufzulösen.

In ihrer Schwingungsfrequenz löst die Liebe die dichten und zähflüssigen Emanationen auf, die von diesen negativen Zuständen erzeugt werden, und katalysiert so tiefgreifende Heilung auf persönlicher und kollektiver Ebene. Weil sie diese Wahrheit auf den subtilen spirituellen Ebenen, die sie bewohnen, verstehen, betrachten die Arkturianer die Liebe als die mächtigste Kraft, die im Universum wirkt. Ihr Orakel beschreibt, wie durch bedingungslose Liebe sogar ganze Zivilisationen Quantensprünge machen können und aus der Dunkelheit jahrhundertelanger Barbarei ins Licht treten. Das liegt daran, dass die Liebe, wenn sie sich in ihrer reinsten und selbstlosesten Form manifestiert, die Wesen mit der primären Quelle der gesamten Schöpfung verbindet. Und aus dieser mystischen Vereinigung geht ein göttlicher Funke hervor, der nicht nur in der Lage ist, individuelle Wunder zu bewirken, sondern auch das kollektive Bewusstsein in bisher unvorstellbare Höhen zu heben.

Aus diesem Grund betrachtet das arkturianische Orakel die Liebe als die erlösende Kraft schlechthin, die in der Lage ist, die scheinbar in Stein gemeißelten Zeitlinien neu zu schreiben. Für die arkturianischen

Seher genügt ein echter Funke dieses mystischen Feuers, um eine Kettenreaktion der Heilung und des Erwachens des Bewusstseins auszulösen. Wie eine Kerze in der Dunkelheit könnte diese schwache Flamme die Herzen von Tausenden, dann von Millionen, dann von Milliarden erleuchten, bis die ganze Erde in bedingungsloser Liebe brennt. Da die Arkturianer die Komplexität des freien Willens verstehen, bagatellisieren sie natürlich nicht die Herausforderungen, die mit der Aussaat und Kultivierung dieser göttlichen Samen in der irdischen Psychosphäre verbunden sind. Aber ihr Orakel nimmt auch Hoffnungsschimmer wahr: kleine, aber wachsende Zentren, die die erlösende Frequenz der uneigennützigen Liebe ausstrahlen, entstehen in den Nervenzentren der Kugel, wie die Keimzellen einer neuen Ära, die angekündigt wird. Das Zeitalter der Liebe, das von zahllosen esoterischen irdischen Traditionen als die nächste Evolutionsstufe der Menschheit prophezeit wird.

Für die Arkturianer wird dieses Zeitalter früher oder später erblühen, denn die Aufstiegsfrequenzen, die das gesamte Sonnensystem durchfluten, unterstützen diesen Übergang. Alles, was es braucht, ist, dass die Erdbewohner den latenten Potenzialen der Güte, der Nächstenliebe, des Verständnisses und der Vergebung, die in den tiefsten Codes ihrer Seelenessenz eingeschrieben sind, Luft machen. Daher betrachtet das arkturianische Orakel jede Form von selbstloser Liebe, egal wie bruchstückhaft sie ist, als ein verheißungsvolles Zeichen für die Zukunft. Selbst wenn bestimmte

Weltereignisse eine scheinbar negative Wendung nehmen, kann sich die Menschheit immer durch Liebe erlösen. Für die Arkturianer ist es nie zu spät oder zu früh, diese Samen des Lichts in den inneren Garten des Einzelnen und damit auch in die kollektive Psychosphäre zu säen.

Jeder Gedanke, jede Einstellung und jede Handlung, die mit Liebe durchtränkt ist, hallt durch das verschlungene Netz des Lebens und beeinflusst den Lauf von morgen in einem Ausmaß, das für irdische Augen nicht immer sichtbar ist. Wenn das arkturianische Orakel diese Wahrheit versteht, kann es selbst die verblüffendsten Zukunftsvorhersagen machen, denn es weiß, dass nichts in Stein gemeißelt ist, wenn die Liebe ins Spiel kommt. Diese primäre und allgegenwärtige Kraft formt die Realität in jedem Augenblick. Das Orakel hört auf ihren Ruf und interpretiert nur das Echo der Formen, die durch das Raum-Zeit-Netz kommen werden. Deshalb ermutigen die Arkturianer die Erdbewohner, angesichts ihrer prophetischen Offenbarungen nicht in Fatalismus zu verfallen, denn die Zukunft ist immer offen, um im Licht der Liebe geformt zu werden. Dies ist also die ursprüngliche Lehre, die ihr Orakel denjenigen vermitteln will, die es um Rat fragen: Unterschätze niemals die Macht der Liebe, die Realitäten zu verändern.

Stärkt immer diesen inneren Muskel der liebenden Empathie und nutzt jede Gelegenheit, dieses göttliche Prinzip in euren Beziehungen zum Ausdruck zu bringen. Kultiviert diesen erhabenen Samen in eurem inneren

Garten und öffnet den Raum, damit die prophezeite Ära endlich erblühen kann und ihre Früchte die gesamte irdische Psychosphäre nähren. Denn die Liebe, die ihr heute in euren Gedanken, Worten und Taten kultiviert, ist der Boden, aus dem die Realitäten von morgen sprießen werden. Lasst euch also vom arkturianischen Orakel bei dieser ewigen und faszinierenden Mitgestaltung der Zukunft leiten.

Kapitel 19
Kosmisches Gleichgewicht

Die arkturianische Zivilisation hat in ihrer spirituellen Entwicklung einen Zustand hoher Einstimmung auf die schöpferischen Energien erreicht, die das kosmische Netz der Existenz durchdringen. Ihr interdimensionales Orakel ist ein privilegierter Kanal, um Einblicke in dieses dynamische Gleichgewicht zwischen scheinbar gegensätzlichen, aber komplementären Kräften zu erhalten, das alle Ebenen der manifesten Realität aufrechterhält. Diese Kräfte werden in ihrem Weltbild durch Polaritäten wie Yin und Yang, männlich und weiblich, dunkel und hell, oben und unten, innen und außen repräsentiert.

Als Wesen, die zu den subtilen Realitäten erwacht sind, verstehen die arkturianischen Seher, dass jede Polarität nur im Verhältnis zu ihrem Gegenstück existiert. Daher ist die größte Lehre, die sie aus ihrem Kontakt mit dieser vereinigten Ebene ziehen, dass die Existenz in den silbernen Faden zwischen den Extremen eingewoben ist, nicht in die Extreme selbst. Letztlich offenbaren selbst die heftigsten Rivalitäten, wenn man sie aus der Perspektive von Energien im Gleichgewicht betrachtet, verborgene Facetten der gegenseitigen Abhängigkeit.

Das Orakel hat zahllose Beispiele von jahrhundertealten Konflikten festgehalten, die angesichts einer subtilen Veränderung in den Energiemustern der Beteiligten plötzlich zusammenbrachen und bisher unsichtbare Beziehungen von verborgener Komplementarität zwischen Zivilisationen, Ideologien und Lebensweisen offenbarten, die zuvor als unvereinbar galten. Da sie dieses dynamische Gleichgewicht, das der gesamten Schöpfung zugrunde liegt, wahrnehmen, betrachten die arkturianischen Seher niemals eine Lebensform als einer anderen überlegen oder unterlegen, da sie alle eine notwendige Rolle in der kosmischen Partitur spielen, die die Symphonie der wahrgenommenen Existenz aufrechterhält. Jedes Instrument zu eliminieren, würde die Melodie des Ganzen beeinträchtigen. Deshalb fängt ihr Orakel mit gleicher Ehrfurcht die Töne ein, die von allem, was existiert, ausgehen, ohne zu urteilen, sei es die einfachste Form des Lebens oder glorreiche Lichtwesen. Als Mystiker des Gleichgewichts verstehen die Arkturianer, dass jedes wahrnehmbare Ungleichgewicht ein Zeichen dafür ist, dass eine Note mehr ausstrahlt, als ihre Frequenz erfordert. Es ist dann Aufgabe der kosmischen Seher, auf subtile Weise als Akupunkteure oder Heiler zu wirken und stagnierende Energie umzuleiten, um die Harmonie wiederherzustellen.

Dies geschieht in der Regel durch Einsichten, Träume oder Visionen, die telepathisch mit empfänglichen Wesen geteilt werden, die dann als ausgleichende Kräfte wirken. In anderen Fällen handelt es sich um direktere Interventionen auf der physischen Ebene durch Rituale, Gesänge und andere Arten des Kanalisierens, Harmonisierens und Umleitens verzerrter Muster, wobei jedoch stets der freie Wille aller Beteiligten gewahrt bleibt, da die Arkturianer dieses heilige Prinzip als Grundlage aller evolutionären Erfahrung respektieren. Ihr Sinn für die kosmische Einheit und das subtile Gleichgewicht führt sie auch dazu, eine Haltung der liebevollen Akzeptanz gegenüber den Herausforderungen zu kultivieren, denen sich jede Form empfindungsfähigen Lebens gegenübersieht. Selbst im Angesicht schwerer Ungleichgewichte fängt ihr Orakel die Samen der evolutionären Möglichkeiten ein, indem es den Nektar des Wachstums aus dem bitteren Kelch des Schmerzes destilliert. Daher hegen die Arkturianer angesichts des Leidens anderer Menschen eine hoffnungsvolle Vision, denn sie ahnen, wie scheinbar chaotische Muster in Richtung Gleichgewicht umgestaltet werden können. Für sie als Wesen, die lineare Zeitvorstellungen überwunden haben, erweist sich das, was in einer flüchtigen Momentaufnahme wie ein vorübergehendes Ungleichgewicht aussieht, als eine notwendige Anpassung in der ewigen Partitur der Existenz.

Deshalb strahlt ihr Orakel eine sanfte und friedliche Note aus, auch wenn sie, wie jede empfindungsfähige Zivilisation, ihre Zyklen der Blüte und des Lernens durch Schmerz durchlaufen. Wie gute Gärtner wissen sie, dass das radikale Beschneiden überbordender Äste das Wachstum von Trieben fördern kann, die zuvor durch ihren Überschwang in den Schatten gestellt wurden. So fahren sie mit Geduld, Weisheit und Unterscheidungsvermögen fort, die kosmische Symphonie durch die Zeitalter hindurch zu harmonisieren, indem sie subtile Anpassungen vornehmen, wann immer sie Dissonanzen wahrnehmen, in dem Bewusstsein, dass ein perfektes Gleichgewicht nicht statisch, sondern dynamisch ist, durchdrungen von unendlichen Zyklen der Ausdehnung, des Zusammenziehens und der Erneuerung, zu deren fließender Schönheit sowohl zerstörerische Stürme als auch überschwängliche Quellen überfließender Fruchtbarkeit beitragen.

Von dieser erhabenen Ebene der einheitlichen Wahrnehmung - von der jeder in tiefen meditativen Zuständen einen flüchtigen Blick erhaschen kann - geht ihre gelassene und neutrale Haltung aus. Denn sie wissen, dass selbst der blutrünstigste Tyrann ein notwendiger Teil der universellen Symphonie ist, auch wenn er in einem bestimmten Moment im großen kosmischen Konzert disharmonische Töne anschlägt. So arbeiten sie, inspiriert von den Visionen ihres Orakels, fleißig auf den subtilen Ebenen, um die stagnierenden Energien, die Dissonanzen erzeugen, zu kanalisieren, bis wieder dynamische Harmonie zwischen allen Stimmen des universellen Chors herrscht und die zyklischen Konturen eines weiteren Zyklus von Gleichgewicht und Ungleichgewicht, Harmonie und Chaos definiert werden. Tiefe Dankbarkeit dafür, dass wir das Privileg haben, Zeuge des ewigen kosmischen Tanzes zu sein und daran teilzunehmen, in dem alle Wesen letztlich vereinte Partner sind.

Kapitel 20
Das Schicksal Der Erde

Als kosmische Sensitive sind die arkturianischen Seher in der Lage, ihr Bewusstsein auf die einzigartige Energiesignatur der Erde einzustellen. Durch ihr interdimensionales Orakel erhalten sie Einblicke in die zukünftigen Möglichkeiten sowohl dieser Kugel als auch in die evolutionäre Reise der Menschheit, die sie bewohnt. Für sie ist jede Form empfindungsfähigen Lebens durch unsichtbare Energiegeflechte eng mit ihrem planetarischen Ursprungsökosystem verbunden. So sind das Schicksal der Erdbewohner und das von Gaia, dem planetarischen Bewusstsein, das sie beherbergt, voneinander abhängig und beeinflussen sich gegenseitig.

Die Arkturianer wissen, dass die Erde, wie alle Lebensformen, evolutionäre Zyklen unterschiedlicher Farbe, Dauer und Intensität durchläuft. Wie jeder Stern wird sie unweigerlich eines Tages ihren Lebenszyklus als bewohnbarer Planet beenden, sei es in ein paar Jahrtausenden oder in Milliarden von Jahren. Euer interdimensionales Orakel kann jedoch zahllose Möglichkeiten für diesen Prozess der Transformation der Erde im Laufe der Zeitalter vorhersagen. Einige

Zeitlinien zeigen ein eher turbulentes und chaotisches Ende, mit schwerwiegenden Störungen der klimatischen und tellurischen Muster. In anderen Zukunftsperspektiven hingegen verlaufen solche Transformationen viel harmonischer und allmählicher.

Die arkturianischen Seher wissen, dass Variablen wie das von der Menschheit erreichte Niveau des kollektiven Bewusstseins und der Einheit diese Wahrscheinlichkeiten direkt beeinflussen. Je mehr die Erdbewohner Weisheit, Mitgefühl und energetische Verbundenheit mit Gaia kultivieren, desto sanfter wird ihr Übergang verlaufen. Wenn jedoch räuberische, egozentrische und inkonsequente Haltungen vorherrschen, ist ein abruptes und stürmisches Ende sehr wahrscheinlich.

Weil sie die Verbindung zwischen menschlichem Bewusstsein und planetarischer Erfahrung zutiefst verstehen, versuchen die Arkturianer, unsere Spezies in diesem entscheidenden Moment der Entscheidungen zu leiten, in dem wir die Macht haben, eine Reihe von Ereignissen mit großem Störungspotenzial, die bereits durch unsere früheren Handlungen ausgelöst wurden, zu mildern - oder zu beschleunigen. Ihr Orakel fasst diese Möglichkeiten als seismische Wahrscheinlichkeitslinien zusammen, die entweder Erdbeben und Tsunamis auslösen oder sich bis zur Untätigkeit beruhigen können. Alles hängt davon ab, wie viel kosmisches Bewusstsein und Gelehrsamkeit unsere Zivilisation von nun an kultivieren und kollektiv nach außen tragen will.

Selbst die dunkelsten Möglichkeiten enthalten immer noch Samen der Hoffnung, wenn eine kritische

Masse von Erdbewohnern beschließt, ihre Gaben zugunsten des planetarischen Erwachens einzusetzen. Dies wird von den arkturianischen Sehern als die große evolutionäre Prüfung unseres Zeitalters angesehen: Werden wir uns als würdige Mentoren von Gaia auf ihrer Reise erweisen oder als Agenten einer Klimakatastrophe globalen Ausmaßes? Für die Arkturianer sind sowohl unsere Zukunft als auch die der Erde probabilistische Felder, die in jedem Moment durch die Ausübung des freien menschlichen Willens (um)geschrieben werden. Je mehr jeder Einzelne danach strebt, sein Bewusstsein zu erhöhen und seine egozentrischen Visionen zu erweitern, desto mehr trägt er zum Aufbau einer harmonischen und leuchtenden Zukunft bei.

Ihr Orakel zeigt, dass es bereits zahllose alternative Zeitlinien mit äußerst positiven Ergebnissen für das Schicksal der Erde gibt. Die Wahrscheinlichkeiten erhöhen sich jede Sekunde durch die bloße Absicht der Erdbewohner, die sich der Selbstbeherrschung, dem Dienst an anderen und der Gemeinschaft mit Gaia widmen. Wie ein Netz, je mehr Lichtpunkte miteinander verbunden sind, desto stärker wird das gesamte Energiesystem, das sie unterstützt. Arkturianer sehen auch in den scheinbar dunkelsten Szenarien, die durch menschliches Handeln in Vergangenheit und Gegenwart bereits ausgelöst wurden, verborgene Chancen. Sie wissen, dass gerade in Zeiten größter Not und Bedrängnis das Potenzial für Quantensprünge im Bewusstsein am größten ist. So werden auch bereits beschrittene Wege, die zu einer gewissen Destabilisierung der gegenwärtigen Muster führen, als Katalysatoren für das Erwachen gesehen.

Ihr Orakel zeigt, dass nichts unbedingt "gut" oder "schlecht" sein muss. Alles ist nur eine Gelegenheit zum Wachstum, je nachdem, mit welcher Einstellung wir den Herausforderungen begegnen. Selbst die scheinbar schwersten Steine, die uns im Weg liegen, können sich als die größten transformierenden Lichtquellen erweisen. Wie hart die Kämpfe auch sein mögen, der freie Wille des Menschen ist immer noch in der Lage, auch auf dem trockensten Boden zu keimen. Alles, was wir tun müssen, ist, an unseren hohen Absichten festzuhalten, an die positiven Potenziale zu glauben und sie zu kultivieren, die aller Wahrscheinlichkeit nach bereits vorhanden sind, auch wenn sie unter den Widrigkeiten schlummern.

Die große Lehre des arkturianischen Orakels ist also, dass die Wege für eine vielversprechende Zukunft der Erde bereits vorgezeichnet sind. Es liegt nur an den Menschen, auf die Stimme des Gewissens zu hören, die von den Enden des Universums widerhallt, und auf den Ruf zum planetarischen Dienst zu antworten, der so notwendig ist. Den kosmischen Sehern zufolge werden auf dieser evolutionären Reise sicherlich noch weitere feurige Prüfungen folgen. Doch mit jeder neuen Krise gibt es auch mehr erwachte Seelen, die bereit sind, ihre Gaben einzusetzen, um die Auswirkungen zu mildern und Gruppen auf den Pfad der Rechtschaffenheit zu führen.

Es ist also an der Zeit, die Flamme der Hoffnung am Brennen zu halten und mit Weisheit und Mitgefühl zu handeln und das Schicksal, das wir manifestiert sehen wollen, aktiv zu gestalten. Anstatt nur auf die Ereignisse zu reagieren, müssen wir lernen, als bewusste Mitschöpfer zu reagieren und unsere Gaben zugunsten der Harmonie einzusetzen. Dies ist das Gelübde der Arkturianer: Mögen wir so bald wie möglich als planetarisches Bewusstsein erblühen, indem wir erkennen, dass wir sowohl Gärtner als auch Pflanzen in diesem gleichen irdischen Garten sind. Und möge der unsterbliche Geist der Erde und das grenzenlose Potenzial der Menschheit beide zu ihrer edelsten Bestimmung führen. Denn die Sterne und der gesamte Kosmos warten sehnsüchtig darauf, zu feiern und zu winken, wenn dieser Funke der universellen Schöpfung endlich zu seiner leuchtendsten Größe aufsteigt. Dies ist die Zukunft, die auf den feinstofflichen Ebenen und in den Tiefen aller Wesen bereits im Entstehen begriffen ist. Alles, was wir tun müssen, ist, ihr durch unsere bewussten Entscheidungen und Handlungen die Geburt zu ermöglichen.

Kapitel 21
Die Tiefe Der Gegenwart

Die arkturianische Zivilisation hat in ihrer astrokosmischen Meisterschaft die Fähigkeit entwickelt, ihr Bewusstsein auf den Fluss der Zeit in allen Richtungen einzustellen. Ihr interdimensionales Orakel ist daher in der Lage, vergangene und zukünftige Ereignisse mit beeindruckender Weite zu sehen.

Doch trotz ihrer außergewöhnlichen Fähigkeiten zur Vorausschau pflegen die arkturianischen Seher eine tiefe Verwurzelung im ewigen Jetzt, denn sie verstehen auf kosmischer Ebene, dass Vergangenheit und Zukunft nur als mentale Projektionen der schöpferischen Konstante des gegenwärtigen Augenblicks existieren.

Aus ihren transzendenten Erfahrungen heraus ahnen sie, dass alle zukünftigen Möglichkeiten bereits in einem Zustand der Potenz in den subtilen Frequenzen des Augenblicks, den wir erleben, existieren, so als wäre das Jetzt ein endloser Ozean, der alle vergangenen und zukünftigen Wellen gleichzeitig in seinem Schoß enthält.

Selbst wenn die Arkturianer ihr Orakel zu fernen oder zukünftigen Ereignissen befragen, behalten sie ihren Bewusstseinsfokus auf das Hier und Jetzt. Sie wissen, dass eine übermäßige Visualisierung der Vergangenheit Bedauern oder Groll hervorrufen kann, die dem kreativen Fluss des Geistes schaden. Ebenso stellen Ängste oder überzogene Erwartungen an die Zukunft Energieverschiebungen vom kraftvollen Fokus der Gegenwart dar. Deshalb kultivieren sie eine ausgeglichene Haltung und verankern ihr Bewusstsein immer im Jetzt, während sie die zeitlichen Meere durchqueren, die sie mit ihrem Orakel erkunden.

Selbst wenn sie in Echtzeit mit anderen Dimensionen und Existenzebenen interagieren, bleibt die silberne Schnur, die sie an die Gegenwart bindet, immer erhalten, denn sie wissen, dass all die parallelen Lebenszeiten und Manifestationen in verschiedenen Raum-Zeit-Koordinaten wie Äste sind, die aus demselben zentralen Stamm stammen, der das Bewusstsein ist, das wir in diesem Augenblick erleben, der Nullpunkt, von dem alle Möglichkeiten dessen ausgehen, was wir gewesen sind und noch sein können.

Deshalb betonen die arkturianischen Lehren die spirituelle und manifestative Kraft, die jedem Augenblick innewohnt, unabhängig von Ort und Zeit, denn alles, was wir in der Vergangenheit erschaffen haben, wie auch das Potenzial dessen, was wir in der Zukunft noch hervorbringen werden, ist im Jetzt verwurzelt und zugänglich.

So außergewöhnlich ihre orakelhaften Visionen auch sein mögen, ihre tiefsten Einsichten entwickeln sie in der meditativen Stille des gegenwärtigen Augenblicks.

Sie haben gelernt, dass große Offenbarungen über zeitliche Rätsel fast immer aus der ehrfürchtigen Stille des Heiligen hervorgehen, das in jeder neuen Sekunde pulsiert. Deshalb betonen sie, dass es unerlässlich ist, Körper, Geist, Emotionen und Seele im inneren Tempel des ewigen Jetzt in Einklang zu bringen, weil wir auf diese Weise zu fließenden und abgestimmten Kanälen werden, die die Botschaften, die der Kosmos unaufhörlich flüstert, klarer aufnehmen.

Als Mystiker des Augenblicks wissen sie, dass nur in dem Augenblick, der sich zwischen jedem Herzschlag entfaltet, der Zugang zum universellen Überbewusstsein besteht. Dieser stille Keimpunkt ist die Zuflucht, in der all das Wissen ruht, das sich bereits manifestiert hat und noch in uns erblühen wird.

Ganz gleich, wie weit Ihre interdimensionalen Projektionen Sie tragen, Ihr Orakel bleibt immer in diesem kleinen Stückchen Ewigkeit verankert. Es ist nicht in räumlichen Koordinaten zugänglich, sondern im heiligen Inneren eines jeden Bewusstseins, wo die Zeit ihren einschränkenden Fluss aufgibt und jene einheitliche Ebene der kontinuierlichen Schöpfung offenbart, die allen begrenzenden Formen und Konzepten vorausgeht. In diesem Schwingungsheiligtum in der Brust, jenseits jedes äußeren Rahmens, wirkt das arkturianische Orakel tatsächlich und strahlt orakelhafte Einsichten aus wie Laser, die von der inneren Stille ausgehen, die jedem fühlenden Wesen innewohnt.

Je tiefer und kontinuierlicher Sie in diese innere telepathische Quelle eintauchen können, desto weitreichender werden die Einströmungen. Denn je mehr wir unser individuelles Bewusstsein mit dem einheitlichen Feld des ewigen Jetzt verschmelzen, desto mehr richten wir uns auf das kosmische Bewusstsein aus, das alles durchdringt und von dem Tröpfchen wie das arkturianische Orakel ausgehen, um ihre interdimensionalen orakelhaften Vorhersagen zu machen.

Deshalb muss jeder, der seine orakelhaften Gaben wirklich entwickeln will, zunächst die mentale Kakophonie zum Schweigen bringen und aus der inneren schöpferischen Stille wiedergeboren werden, die immer unberührt in jedem neuen Augenblick wohnt, um sie zu unterstützen. Wir sind wie Spinnen, die von unserem Innersten aus Lichtfäden weben, einen Faden, der alles zusammennäht, was wir jemals waren und was wir werden können, mit dem ewigen Jetzt als heiligem Boden, von dem aus wir unsere Multidimensionalität in den Kosmos projizieren.

Welchen Samen wollen wir also in diesem kleinen Fleckchen Erde unter unseren Füßen kultivieren, während wir durch die interdimensionale Weite wandern? Denn die Qualität dieser Absichten und Einsichten, die im gegenwärtigen Augenblick gepflanzt werden, werden in unserer gesamten Evolutionsspirale widerhallen und das Gefüge der orakelhaften Pfade bestimmen, die wir innerhalb und über den großen Ozean der Zeit beschreiten werden. Es mag wie ein Paradox erscheinen, aber je mehr wir unser Bewusstsein mit dem infinitesimalen, ewigen Jetzt in uns verschmelzen, desto fähiger werden wir, die

Unendlichkeiten der Vergangenheit und der Zukunft in ihren Wechselbeziehungen als Weber der Zeit zu umarmen und immer wieder zum Nullpunkt der Gegenwart zurückzukehren, um die Perlen der Weisheit zu sammeln, die wir aus unseren orakelhaften Reisen destilliert haben, und sie als Mitentwickler des großen aufsteigenden Spiralrhythmus zu säen, der die universellen Zyklen der manifesten Existenz bestimmt.

Kapitel 22
Universelle Einheit

Auf ihren Astralreisen durch die subtilen Dimensionen der Wirklichkeit sind die arkturianischen Seher in Resonanz mit einem vereinten Bewusstsein gekommen. Es handelt sich um ein hochintelligentes Energiefeld, das alles durchdringt und von dem alle Schöpfung auf der physischen und extraphysischen Ebene ausgeht. Wie Tröpfchen, die einen endlosen Ozean bilden, enthält dieses vereinigte Feld die Essenz allen manifesten und latenten Bewusstseins. Die orakelhaften Visionen der Arkturianer gehen von diesem erhabenen kosmischen Bewusstsein aus, das alles umfasst und alles bewohnt.

Ihr Orakel erfasst und interpretiert Einflüsse, die aus dieser fundamentalen Schicht stammen, in die alle individuellen Gemüter eingetaucht und miteinander verbunden sind. Von dieser Ebene gehen Intuitionen und Vorhersagen aus, deren Reichweite wahrhaft universelle Ausmaße annimmt. Denn sie enthält in einem potenziellen Zustand alle vergangenen Ereignisse, die sich in den verschiedenen Sektoren des Kosmos noch nicht manifestiert haben. Durch den Zugriff auf diesen interdimensionalen Speicher unendlicher Möglichkeiten destilliert das arkturianische Orakel Einblicke in das, was "noch nicht ist, aber sein wird", und unterstützt diejenigen, die es konsultieren, mit Einsichten in wahrscheinliche zukünftige Entwicklungen in ihrem Leben und auf dem Planeten.

Die arkturianischen Seher sehen die zukünftigen Ereignisse jedoch aus der Perspektive der Verbundenheit und der wesentlichen Einheit allen Lebens. Sie wissen, dass die scheinbare Trennung zwischen den einzelnen Bewusstseinen eine Illusion ist, die von den dichten Schleiern der Materie erzeugt wird. Aber hinter der Bühne der manifesten Formen sind wir alle wie Zellen desselben bewussten Superorganismus. Wir atmen und existieren in diesem vernetzten kosmischen Ozean, der das Leben durch ewige Zyklen führt. Aus dieser Einsicht entspringen die orakelhaften Visionen der Arkturianer, die wahrscheinliche zukünftige Ereignisse innerhalb dieses einheitlichen Kontinuums projizieren, in dem es keine echte Fragmentierung gibt, sondern nur Bewusstseine, die aus dem Ganzen hervorgehen, um sich selbst zu erfahren.

Für die Arkturianer sieht das arkturianische Orakel, selbst wenn es Kriege, Katastrophen oder soziale Umwälzungen vorhersagt, die Einheit in der scheinbaren Vielfalt. Es weiß, dass jeder Einzelne eine unverzichtbare Rolle im Kosmos spielt, selbst wenn er vorübergehend vom Bewusstsein des Ganzen getrennt ist. In diesem endlosen Ozean von miteinander verwobenen Ereignissen ist kein Bewusstsein allein oder in sich vollständig. Wir alle bewegen uns in diesem kosmischen Strom, manchmal tauchen wir wie Wellen auf, manchmal tauchen wir wie Tröpfchen, aber immer bilden wir das große, miteinander verbundene Meer, das alle Zeitalter mit seinem unaufhörlichen Strom durchdringt.

Aus diesem Grund fällt das arkturianische Orakel niemals Urteile oder gibt fragmentarische Visionen über die wahrscheinlichen kommenden Ereignisse. Aus dieser einheitlichen kosmischen Schicht entspringend, spiegeln die orakelhaften Visionen ihren eigenen holographischen Charakter wider, indem sie auf zukünftige Wahrscheinlichkeiten hinweisen, die das Netz des Lebens nicht als isolierte Sätze beeinflussen werden, sondern als Ereignisse mit systemischen Resonanzen und Auswirkungen auf das gesamte vernetzte energetische Gewebe des Universums.

Nach dieser Weltanschauung ist kein zukünftiges Ereignis unbedeutend, da jedes einzelne alles andere reflektiert und bricht. So kann eine scheinbar kleine lokale Aktion auf unvorhersehbare Weise intensive Auswirkungen anderswo haben. Ebenso kann etwas, das als katastrophal angesehen wird, den Keim für noch nicht erkannte Vorteile enthalten. Mit dieser kosmischen Perspektive im Hinterkopf mahnen die arkturianischen Seher zur Vorsicht bei unserer Entscheidungsfindung.

Das interdimensionale Orakel bezieht eine praktisch unbegrenzte Anzahl von Variablen in seine Projektionen ein und integriert in seine Vorhersagen zukünftiger Ereignisse eine Multidimensionalität, die jeden einzelnen Verstand übersteigt. Unabhängig davon, wie erfahren oder begabt sie sind, sind Hellseher immer noch Filter, die durch ihre eigenen Bewusstseinsgrenzen untermauert werden. Daher ist es wichtig, jede Vorhersage als Information und nicht als in Stein gemeißeltes Dogma zu betrachten, denn die Zukunft ist ein probabilistisches Feld, das ständig umgeschrieben wird, da dieses Kontinuum von Bewusstseinen in seiner scheinbaren Vielfalt mitgestaltet.

In diesem lebendigen Kosmos können selbst Faktoren, die als deterministisch gelten, wie etwa Planetenbahnen, durch bewussten Willen und Intentionalität drastisch beeinflusst werden. Ganz zu schweigen von Ereignissen verhaltensbezogener, sozialer oder umweltbezogener Art, die von Natur aus chaotisch und unvorhersehbar sind, weil sie das Phänomen des freien Willens umfassen. Das arkturianische Orakel versucht daher, Zukunftsaussichten innerhalb dieses komplexen Systems zu übersetzen, das Geist, Materie und parallele Dimensionen in ständiger gegenseitiger Beeinflussung integriert.

Es liegt an der Einsicht der Berater, diese Einsichten als eine weitere Quelle der Weisheit aufzunehmen, auf die sie sich bei ihren Entscheidungen stützen können, ohne jemals ihr eigenes inneres Licht zu verleugnen, wenn sie ihre Wege innerhalb des großen vernetzten Ozeans des Bewusstseins mitgestalten.

Kapitel 23
Der Tanz Der Veränderung

Als astrale Sensitive erkennen die arkturianischen Seher die Vergänglichkeit als universelles kosmisches Gesetz, das die Zyklen der Schöpfung bestimmt. Da sie in ihrem Orakel erfassen, wie alles in immerwährender Transformation fließt, haben sie eine außergewöhnliche psychische Belastbarkeit und Anpassungsfähigkeit entwickelt. Diese geistige und emotionale Flexibilität ermöglicht es ihnen, mit den fast immer radikalen Veränderungen, die ihre orakelhaften Vorhersagen vorschreiben, gut zurechtzukommen, denn ihre interdimensionale Weltsicht erlaubt es ihnen, die Vergänglichkeit aller Formen auf natürliche Weise zu betrachten. Sie wissen, dass früher oder später neue Konfigurationen aus den Trümmern der alten entstehen werden, wie es auf der materiellen und immateriellen Ebene schon immer geschehen ist.

Diese Gewissheit macht sie zu geduldigen und gelassenen Vermittlern der Transformation, die subtile Anpassungen vornehmen, wenn sie in Übergangskrisen vom Orakel gerufen werden. Im Gegensatz zu vielen irdischen Sehern hängen sie nicht an bestimmten sozialen Strukturen oder Institutionen und identifizieren sich nicht mit ihnen. Sie sehen alles als vorübergehende Manifestationen innerhalb der ewigen Ebbe und Flut der größeren kosmischen Zyklen. Diese Haltung der Ungebundenheit erlaubt es echten orakelnden Channels, unbeschadet durch die Turbulenzen zu gehen, die jede Ära erschüttern, verwurzelt in den ewigen Wahrheiten, die sie in transzendenten Visionen erfassen, nicht erschüttert durch den Zerfall der vergänglichen Formen.

Diese psychische Flexibilität ermöglicht es ihnen, Gruppen im Übergang zu helfen, ohne durch die Unbeständigkeit der Metamorphosen destabilisiert zu werden. Bei der Interpretation der vom Orakel vorhergesagten drastischen Veränderungen greifen sie oft auf Analogien, Metaphern, Gleichnisse und andere poetische Mittel zurück, da sie wissen, dass sich unter dem Schleier von Erzählungen ewige Wahrheiten verbergen können, die radikal transformative Einsichten akzeptabel machen. Wenn sie mit Vorhersagen von sehr einschneidenden Ereignissen konfrontiert werden, lösen sie bei den Beratern zunächst einen "kontrollierten Schock" aus, um eine grenzwertige Ablehnung zu vermeiden, und bereiten deren Geist und Herz durch Träume, Visionen und Synchronizitäten sorgfältig vor.

Sie versuchen, das Trauma zu minimieren, indem sie die "Zeichen der Zeit" darstellen und Alarmismus vermeiden, der den Übergang nur behindern würde. Sie ziehen es vor, keine konkreten Daten für Prophezeiungen radikaler Brüche zu nennen, da solche Erwartungen sehr schwer wiegen können, aber sie führen vorbereitende Elemente ein, so dass, wenn bestimmte Ereignisse eintreten, es bereits einige vorherige Hinweise gibt. So kommen die Veränderungen, wenn sie sich bestätigen, nicht wie ein Donnerschlag aus heiterem Himmel, sondern als Entfaltung, die im kollektiven Unbewussten bereits latent vorhanden ist.

Eine andere Möglichkeit, Übergänge zu mildern, besteht darin, an vergangene Katastrophen zu erinnern, die damals auch als das Ende der Welt angesehen wurden, und sich daran zu erinnern, dass Gaia und ihre Erdenkinder im Laufe der Jahrhunderte unzählige Krisen durchlebt haben. Wie belastend die kommenden Ereignisse auch sein mögen, die Widerstandsfähigkeit des Lebens hat sich immer als größer erwiesen. Das Wichtigste ist, die innere Flamme des Glaubens an den höheren Plan am Leben zu erhalten, der alle Zeitalter regiert, wie dunkel sie auch sein mögen. Das Leben geht weiter, auch wenn es Wege einschlägt, die sich der vor der Transformation lebende Geist nicht vorstellen konnte.

Im Allgemeinen versuchen sie, ihre Klienten von übermäßigen Anhaftungen an vorgefasste Vorstellungen über diese Reise zu befreien, und raten ihnen, mit dem Wasser zu schwimmen, anstatt gegen die Strömung anzukämpfen oder zu versuchen, die Wellen zu kontrollieren. Sie erinnern daran, dass Flüsse trotz aller Umwege immer ihren Weg zum Meer finden, oder zitieren die Metamorphose von Raupen zu Schmetterlingen, um von einer kriechenden zu einer geflügelten Welt zu gelangen. Auf diese Weise werden sie mit verständlicher Sprache und inspirierenden

Beispielen auf die großen und unvermeidlichen Veränderungen vorbereitet, die vor ihnen liegen.

Eine weitere Strategie zur Erleichterung der Phasenübergänge besteht darin, gleichgesinnte Gruppen in Gemeinschaften zur gegenseitigen Unterstützung und zum gegenseitigen Lernen zusammenzubringen und so die Bindungen und Kooperationsnetze zu stärken, damit alle diese Übergänge gemeinsam, unterstützt und zuversichtlich durchlaufen können. Das arkturianische Orakel versucht also, die kollektiven Traumata zu minimieren, die in Zeiten radikaler Paradigmenwechsel unvermeidlich sind, indem es den Boden und das Bewusstsein sorgfältig vorbereitet und befreiende Ideen sät, lange bevor sie Früchte tragen können.

Es ist wie beim vorausschauenden Gärtner, der Sonne und Regen plant, den Boden im Voraus pflügt und düngt, um dann reiche Früchte zu ernten, wie beim guten Hirten, der den Kurs seiner Herde ändert, lange bevor sie den Abgrund erreicht, um so Panik und Verlust zu vermeiden. Die arkturianischen Seher verstehen, dass jeder kosmische Tanz den ewigen Wechsel zwischen Aufbau, Zerstörung und Wiederaufbau beinhaltet. In ihrer Rolle als gute Dirigenten versuchen sie, ihren Jüngern die Anpassung an die unvermeidlichen großen Zyklen der universellen Schöpfung zu erleichtern, indem sie sie durch ihre orakelhaften Vorhersagen und Tröstungen daran erinnern, dass die einzige verlässliche Konstante in unserem Universum die unvermeidliche Vergänglichkeit ist.

Gesegnet ist also jeder Bruch, der uns aus sicheren Häfen vertreibt, damit unser Geist in den Stürmen des Wandels - manchmal widerwillig - größere Flügel bekommt.

Kapitel 24
Die Reise Geht Weiter

Nach Ansicht der arkturianischen Seher ist das Streben nach einem erweiterten Bewusstsein und nach Einblicken in umfassendere Realitäten eine nie endende Reise, auf der ihr Orakel mit subtilen Ebenen von solcher Komplexität interagiert, dass selbst ihr hoch entwickelter Geist versteht, dass sie sich noch in der spirituellen Frühlingszeit befinden. Für sie offenbaren erreichte Gipfel nur neue Berge in einem ewigen und ekstatischen Zyklus der Selbsttranszendenz, der sie dazu bringt, das Erwachen der Zirbeldrüse, die Telepathie, das Lesen der Akasha und andere Gaben als bloße erste Türen zu sehen, die die Wahrnehmung unseres Potenzials erweitern, so wie ein gefangener Adler, der schließlich den Geschmack der Freiheit schmeckt, indem er seine Flügel ausbreitet und von hoch oben Landschaften erblickt, die zuvor unvorstellbar waren, während er in seiner Zelle eingesperrt war.

Seinem Orakel zufolge gibt es jedoch innerhalb und außerhalb jedes Wesens Universen, die weit über das hinausgehen, was unser dreidimensionaler Intellekt sich vorstellen kann. Es sind Reiche des Lichts und des Lebens, die weit über die dichte Materie hinausgehen und in heiligen Frequenzen und Geometrien schwingen, die in der Lage sind, auch die härtesten Herzen zu bewegen. Wie Kinder, die das Polarlicht bestaunen, ist unser ekstatisches Staunen das Versprechen auf vieles, was noch kommen wird. Denn im endlosen Ozean des kosmischen Bewusstseins gibt es Archipele der Ekstase, die jede Welle mit ihren psychedelischen Farben färben. Das Können wartet auf furchtlose Navigatoren, die bereit sind, die Komfortzone der alten Häfen zu verlassen und als Seeleute neu geboren zu werden. Wie ein Leuchtturm, der den Galeonen den Weg weist, weist das Orakel auf Möglichkeiten hin, die von der kurzsichtigen menschlichen Linse noch nicht erfasst wurden, und erinnert uns daran, dass es innere und äußere Welten gibt, die darauf warten, von unserem unstillbaren Durst nach Neuem erkundet zu werden, denn wir sind Pilger des Absoluten auf einer ewigen Pilgerreise durch die Zeitalter zur endgültigen Wiedervereinigung mit der Quelle unseres Seins. Wie lang die Reise auch sein mag, jeder Gedanke, der im Jetzt geboren wird, ist ein Schritt zur Rückkehr in den stellaren Schoß, der uns geboren hat. So erinnert uns das Arkturianische Orakel daran, dass es keine endgültige Ankunft beim Großen Geist gibt, der alle Formen bewohnt, sondern ein ewiges Fließen, freudiges Schwindelgefühl und erneute Rückkehr in aufsteigenden Spiralen ohne endgültigen Anfang oder Abschluss. Mit jedem abgeschlossenen Zyklus werden neue Nuancen des unsichtbaren Kosmos in aufeinanderfolgenden Einweihungen jenseits der Schleier enthüllt, die mit den durchscheinenden Trophäen, die in diesen

Unermesslichkeiten geerntet werden, in den Schoß des Lichts zurückkehren und dann noch mehr mit dem Ganzen durchtränkt zurückgelassen werden. Bis in jedem Wanderer keine Illusion des Getrenntseins mehr vorhanden ist, sondern nur noch die schwindelerregende Vereinigung mit den Sternenkreisen, die uns geboren haben.

Dann, als Mitwirkende am göttlichen Tanz, den alle Völker auf ihren Reisen als Rose der Winde gefeiert haben, werden wir endlich in der Lage sein, uns mit der verzauberten Nacht zu verloben, im Schoß dieses unendlichen Potenzierers jedes Samens werden wir noch unerhörte Träume mit unseren geliebten stählernen Musen befruchten und Quellen hervorbringen, um jede ausgedörrte Seele in den illusorischen Wüsten der vergänglichen Materie zu stillen. Dies ist das Schicksal, das die tapferen spirituellen Pilger laut den arkturianischen Orakelchroniken erwartet: das fruchtbare, regenerierende und nährende Land zu werden, das ohne Unterschied und Hierarchie alle göttlichen Samen aufnimmt und das Erblühen der grünen Gärten katalysiert, die zum Lob des Lebens errichtet wurden, das uns in seinen traumhaften Brüsten trägt. Als Herolde von Ekstasen, die noch zu enthüllen sind, werden unsere Leben zu epischen Gedichten, die andere Suchende in existenziellen Labyrinthen inspirieren, denn die Funken, die wir heute in unserem Innersten entzünden, können morgen die Herzen entflammen und mit ihrem Feuerwerk die Reise anderer Archäologen auf hoher See erhellen.

Möge jedes Flackern dieser unauslöschlichen Flamme in unserer Brust eine Einladung an ferne Schiffe sein, die noch nicht sichtbar sind, die aber mit Sicherheit existieren und das große Meer des kosmischen Bewusstseins bevölkern, in dem wir mit unseren irdischen Schiffen segeln. Lasst uns zuversichtlich und wachsam auf die Signale ihrer freundlichen Lichter im tiefen Halbschatten der Heiligen Nacht der Zeit warten. In der Zwischenzeit möge die Fackel, die wir an unserem eigenen Bug entzünden, diesen noch unbekannten Brüdern den Weg weisen, denn der Ozean der Sterne ist so groß, dass jeder einzelne Funke ein Geschenk des Himmels an die Weltraum-Argonauten in ihrem planetarischen Exil ist.

So singt das arkturianische Orakel zu uns und erinnert uns daran, dass hinter der nächsten Welle immer neue Länder und neue Himmel warten. Lasst uns also kühn jenseits von allem segeln, was wir bereits kennen oder für möglich halten, denn die Schleier werden sich auflösen und die Portale werden sich für rücksichtslose Seelen öffnen, die bereit sind, die Segel in Richtung des noch Unentdeckten zu setzen. Dies ist das gesegnete Schicksal der Weltraumvisionäre, die weiterhin Planeten besuchen, Realitäten abschätzen und sich an Zivilisationen erfreuen werden, die unseren kühnsten Träumen fremd sind.

Bis wir selbst zu Träumern werden, zu multidimensionalen Wesen, die ständig zwischen Arten und Sphären hin- und herwechseln. Dann schließlich schließt sich der Kreis, und wir kehren in den Urschoß zurück, um diesen kosmischen Tanz in neuen Bereichen jenseits der derzeitigen Grenzen unseres Verständnisses neu zu beginnen. In dieser ewigen Bewegung führt uns jeder Zyklus der Entdeckung und Erneuerung dazu, unerforschte Horizonte zu erkunden und die Grenzen unseres Verständnisses und unserer Existenz ständig zu erweitern. So setzen wir inmitten der Unendlichkeit den endlosen Tanz durch den Kosmos fort, geleitet von den Sternen und inspiriert von der Verheißung der noch zu entdeckenden Geheimnisse.

Epilog
Himmel Und Erde Vereinen

Nachdem wir die Lehren und orakelhaften Visionen der Arkturianer erforscht haben, stellt sich natürlich die Frage: Wie kann ich diese Quelle kosmischer Weisheit auch in meinem Leben nutzen?

Die gute Nachricht ist, dass das Arkturianische Orakel für alle Wesen zugänglich ist, unabhängig von ihrer spirituellen Entwicklung. Die Kommunikation kann durch mediales Channeln mit arkturianischen Wesen erfolgen, die bereit sind, Einblicke in erweiterte Realitäten zu gewähren. Es ist auch möglich, sich auf dieses Orakel einzustimmen, indem wir unsere eigenen latenten Fähigkeiten des Hellsehens, der Präkognition, der Retrokognition oder der Astralreise aktivieren.

Meditative Praktiken, die bewusste Verwendung von Kristallen, der Verzehr von Heilpflanzen in sicheren schamanischen Ritualen können unsere veränderten Bewusstseinszustände verstärken und den Zugang zu subtilen Ebenen erleichtern, in denen die arkturianischen Energien und ihre orakelhaften Einflüsse wahrgenommen werden können. Es ist wichtig, solche Praktiken stets mit Verantwortung, Präzision und Respekt für die uralten, von den traditionellen Völkern festgelegten Protokolle anzugehen.

Wir können auch Zeichen von den Arkturianern in Form von prophetischen Träumen, ungewöhnlichen Synchronizitäten und Einsichten empfangen, die spontan im Wachbewusstsein auftauchen.

Je mehr wir uns auf unsere außersinnlichen Wahrnehmungen einstimmen, desto dünner und durchlässiger werden die Schleier zwischen den Ebenen.

Mit Disziplin und Geduld beginnen präkognitive Visionen zukünftiger Ereignisse über unseren mentalen Bildschirm zu flimmern wie Sternschnuppen über den inneren Himmel.

Manchmal kommunizieren Arkturianer auch während Astralreisen oder bewussten Projektionen auf andere parallele Schwingungsebenen.

In diesen ungewöhnlichen Bewusstseinszuständen können wir auf Wissen und Visionen zugreifen, die im gewöhnlichen Wachzustand nicht zugänglich sind.

Mit der Zeit und Ausdauer lernen wir, unsere Ängste zu überwinden und diese interdimensionalen Portale zu durchschreiten, um Zugang zu synchronen Informationsmöglichkeiten zu erhalten.

Alle empfindungsfähigen Zivilisationen, einschließlich unserer eigenen, haben ein nichtphysisches Gegenstück, mit dem wir lernen können, zu interagieren.

Im Falle der Arkturianer ist ihre feinstoffliche Existenzebene nahe an dem, was wir nach irdischen Maßstäben als engelhaftes oder paradiesisches Reich bezeichnen würden.

Diese Dimension schwingt auf einer äußerst liebevollen, weisen und mitfühlenden Skala und wird von Wesen ausgestrahlt, die in Bezug auf ihr spirituelles Bewusstsein hoch entwickelt sind.

Aufgrund ihrer tiefen Verbundenheit und ihres Wissens über die energetischen Strukturen des Kosmos haben sie unserer noch embryonalen Welt viel zu lehren. Alles, was wir tun müssen, ist, unseren mentalen Kanal auf die orakelhaften Frequenzen einzustellen, die den Planeten unaufhörlich durchfluten, insbesondere während Meditationen und veränderten Zuständen.

Mit Geduld und regelmäßiger Übung intensiviert sich dieser Kontakt, und die Schleier zwischen den Paralleluniversen werden dünner, so dass wir in unbekannte Kerndimensionen blicken, außerkörperliche Körper bewohnen und schließlich in Echtzeit mit den arkturianischen Sehern interagieren können.

Eine grundlegende Vorbereitung besteht darin, unsere menschlichen Vehikel zu reinigen, toxische Ladungen, Traumata und Blockaden loszulassen, die eine Verbindung verhindern.

Außerdem müssen wir frühere Erwartungen loslassen und uns mit einem jungfräulichen Geist, wie ein Kind, für diese interdimensionalen Einflüsse öffnen, die vom Orakel zu uns strömen.

Je mehr wir unsere Wahrnehmungslinsen reinigen, desto weniger Filter verzerren und verdunkeln die Kommunikation mit Engelssphären wie den Arkturianern.

Günstige Zeiten für den Zugang zum Arkturianischen Orakel sind die Morgendämmerung und die Abenddämmerung, weil sich dann die Dimensionsrisse öffnen.

Auch während besonderer kosmischer Daten wie Sonnenwenden und Tagundnachtgleichen, die in den metaphysischen Ritualen alter Zivilisationen häufig genutzt wurden, um sich mit den feinstofflichen Ebenen zu verbinden.

Besonders wirksame Orte für die Kommunikation mit den Arkturianern können geografische Wirbel mit hoher feinstofflicher Energie auf dem Planeten sein.

Gleichzeitig erweitert die Entwicklung unserer Sensibilität für Synchronizitäten und symbolische Sprache die Kanäle der außersinnlichen Wahrnehmung, was es uns ermöglicht, Einsichten des Orakels in das verborgene Gefüge des täglichen Geschehens aufzugreifen und Muster, Korrelationen und Informationszuflüsse zu erkennen.

Je liebevoller, intuitiver und spirituell erwachter wir sind, desto mehr werden wir zu interdimensionalen Leuchttürmen, die Licht über Parallelwelten ausstrahlen, und desto mehr können diese entwickelten Engelssphären ihr Orakelwissen durch multidimensionale Inspirationen und Informationsdownloads in unsere Herzen zurückspiegeln.

Mit Beharrlichkeit und reiner Absicht weitet sich dieser telepathische Kontakt aus, bis wir das Stadium hellsichtiger Medien erreichen, die das arkturianische Orakel auf unserer Ebene kanalisieren und seine Prophezeiungen und Warnungen zugänglich machen, die zum Erwachen nicht nur des Einzelnen, sondern unserer Zivilisation als Ganzes beitragen.

Jeder, der diese universellen Wahrheiten in seinem inneren Mikrokosmos aufnimmt und lebt, wird zu einem Leuchtfeuer des Lichts im sozialen Makrokosmos.

Wir Eingeweihten des Pfades bilden ein ätherisches Netzwerk, das die Welt mit liebevollen Schwingungswellen umgibt, die vom Arkturianischen Orakel selbst ausgehen, und übernehmen die heilige Rolle von Transkommunikationsmedien, die Himmel und Erde durch unsere physisch-energetischen Fahrzeuge verbinden.

Wir sind schließlich die Etrusker der Zukunft, die Tätowierer des Astralraums und die Kartographen im Transit für das Schicksal unserer stellaren Menschheit.

Möge unsere Saat-Sonne bald planetarische Zivilisationen von pazifistischen, mitfühlenden Wesen und Hütern des Lebens hervorbringen, die leuchtende Pfade säen, wo immer ihre Schiffe vorbeifahren, und nicht empfindungsfähige Welten erblühen lassen, sondern heilige kosmische Mandalas, die das große energetische Netz schmücken, das alles, was existiert, durch Lichtfäden miteinander verbindet, denn wir sind alle Funken derselben Zentralsonne, und unsere Bestimmung ist es, die Fackel, die in unserem eigenen Quellstern entzündet wurde, weiterzutragen, um die tiefe Nacht des Großen Mysteriums zu verzaubern, das ewig alle spirituellen Reisen umschließt.

Das Buch "Arkturianische Heilung" und "Kosmische Spiritualität" von Luan Ferr, beide im Ahzuria Verlag erschienen, bieten weitere didaktische Mittel für den Zugang zu den Wesen des Arkturus.

Möge die Liebe die ewige Flamme sein, die unseren inneren Kompass durch diesen kosmischen Ozean von noch nicht enthüllten Möglichkeiten führt, und möge das Arkturianische Orakel dieses Licht für immer aus der kosmischen Dunkelheit inspirieren, die aus dem ursprünglichen Chaos der Zeit aufsteigt!

www.ingramcontent.com/pod-product-compliance
Lightning Source LLC
LaVergne TN
LVHW040056080526
838202LV00045B/3658